Entspannt verwöhnen

Was gibt es Schöneres, als Ihre Lieben mit etwas Besonderem zu verwöhnen? Und dabei gemeinsame Zeit mit schönen Gesprächen bei einem köstlichen Menü zu teilen?

Manchmal dürfen Sie nach Lust und Laune brillieren, manchmal servieren Sie einfachere Wohlfühlgerichte. Vieles lässt sich vorbereiten, damit niemals Hektik aufkommt und auch Sie das Zusammensein entspannt geniessen.

Sie entdecken in diesem Buch für jede Jahreszeit wunderbare Ideen für Apéro, Vorspeisen, Hauptgerichte und Desserts; alles lässt sich prima vorbereiten. Ein paar letzte Handgriffe – und alles ist servierbereit. So geniessen Sie entspannt Ihr feines Menü – und vor allem viel Zeit mit Ihren Lieben.

Ihr Betty Bossi Team

**Claudia Boutellier,
Rezeptredaktorin**

Bleiben Sie entspannt!

Wir haben in diesem Buch ganz viele Vorbereitungstipps für Sie, damit das Verwöhnen Ihrer Lieben für Sie entspannt ist und Sie zusammen mit ihnen das feine Essen rundum geniessen können.

Inhalt

Frühling	4
Sommer	70
Herbst	138
Winter	206

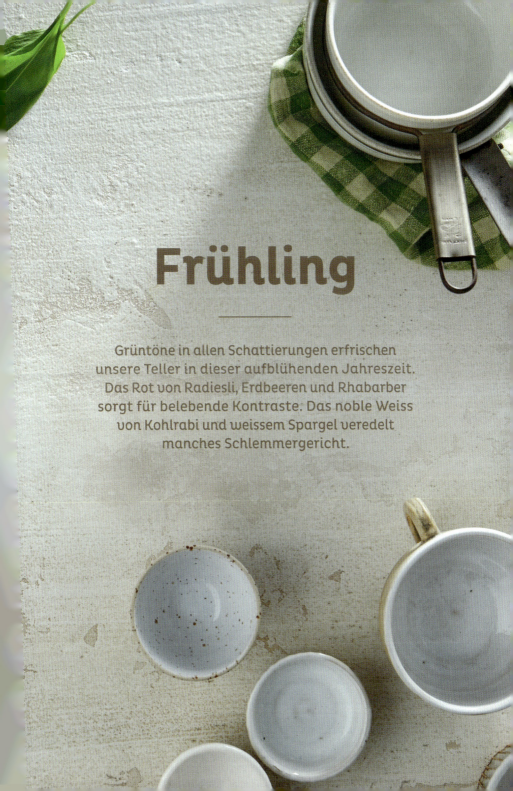

Frühling

Grüntöne in allen Schattierungen erfrischen unsere Teller in dieser aufblühenden Jahreszeit. Das Rot von Radiesli, Erdbeeren und Rhabarber sorgt für belebende Kontraste. Das noble Weiss von Kohlrabi und weissem Spargel veredelt manches Schlemmergericht.

Radiesli-Toasts

⏱ 20 Min.   🥕 vegetarisch

4	Scheiben Toastbrot (z. B. Vollkorn)	Brote toasten, in Streifen schneiden, auf einem Gitter auskühlen.
1 Bund 1 EL 1 TL ¼ TL wenig	Radiesli mit dem Grün Olivenöl Aceto balsamico bianco Salz Pfeffer	Wenig Radiesligrün in feine Streifen schneiden, beiseite legen. Radiesli in Würfeli schneiden. Öl in einer Pfanne warm werden lassen. Radiesli ca. 2 Min. andämpfen, Aceto beigeben, ca. 1 Min. weiterdämpfen, würzen, auskühlen.
80 g ¼ TL 1 TL ½ TL wenig	Butter, weich Salz Erdbeer- oder Himbeerkonfitüre Zitronensaft Pfeffer	Butter und Salz mit den Schwingbesen des Handrührgeräts ca. 2 Min. rühren. Konfitüre und Zitronensaft darunterrühren, die Hälfte der Radiesli daruntermischen. Radieslibutter auf den Toasts verteilen, restliche Radiesli darauf verteilen. Beiseite gelegtes Radiesligrün und Pfeffer darüberstreuen.

Portion (¼): 245 kcal, F 20 g, Kh 11 g, E 3 g

Frischekick!

Die zarten Blätter der Radiesli schmecken sehr gut als Garnitur oder in einem Salat.

Cracker mit Spargeln

⏱ 15 Min. + 13 Min. backen   🥕 vegetarisch   🥛 laktosefrei

1 ausgewallter Blätterteig (25 × 42 cm) 1 Ei	Ofen auf 220 Grad vorheizen. Teig entrollen, in 16 Stücke schneiden, mit dem Backpapier auf ein Blech ziehen. Ei verklopfen, Teig damit bestreichen, mit einer Gabel dicht einstechen.
	Backen: ca. 13 Min. in der unteren Hälfte des Ofens. Herausnehmen, sofort mit einem Backpapier belegen, ein Blech darauflegen, flach drücken. Teigstücke auf einem Gitter auskühlen.
½ EL grobkörniger Senf 1 EL Aceto balsamico bianco 1 EL Olivenöl ¼ TL Salz wenig Pfeffer 250 g grüne Spargeln 1 kleine Schalotte 1 hart gekochtes Ei 4 Zweiglein Kerbel	Senf, Aceto, Öl, Salz und Pfeffer in einer Schüssel verrühren. Unteres Drittel der Spargeln schälen. Spargeln schräg in feine Scheiben schneiden, beigeben. Schalotte und Ei schälen, fein hacken, daruntermischen, auf den Teigstücken verteilen. Kerbel zerzupfen, darüberstreuen.

Portion (¼): 377 kcal, F 25 g, Kh 29 g, E 8 g

Lässt sich vorbereiten

Blätterteig ca. 1 Tag im Voraus backen. In einer Dose gut verschlossen aufbewahren. Spargeln, Ei und Schalotte ca. 2 Std. im Voraus schneiden, zugedeckt im Kühlschrank aufbewahren.

Frühling – Apéro

Artischocken-Fenchel-Salat

⏱ 10 Min.   🌱 vegan   🌾 glutenfrei   🥛 laktosefrei

1	**Bio-Zitrone**	Von der Zitrone wenig Schale in eine Schüssel reiben, 2 EL Saft dazupressen, Öl beigeben, würzen.
2 EL	**Olivenöl**	
¼ TL	**Salz**	
wenig	**Pfeffer**	
1	**Fenchel** (ca. 250 g)	Fenchel längs halbieren, in ca. 2 mm dicke Scheiben in die Schüssel hobeln. Artischocken abtropfen, halbieren, beigeben. Basilikum fein schneiden, daruntermischen, anrichten, Kerne darüberstreuen.
½ Glas	**Artischockenherzen in Öl** (ca. 140 g)	
1 Bund	**Basilikum**	
1 EL	**Kernen-Mix**	

Portion (¼): 93 kcal, F 8 g, Kh 3 g, E 2 g

Lässt sich vorbereiten

Salat bis und mit Artischockenherzen ca. 1 Tag im Voraus zubereiten, zugedeckt im Kühlschrank aufbewahren. Kurz vor dem Servieren Basilikum daruntermischen, Kerne darüberstreuen.

Kräuterrahmsuppe mit gebeiztem Ei

⏱ 30 Min. + 12 Std. beizen   🥕 vegetarisch

140 g	Salz	Salz und Zucker mischen, die Hälfte in eine Form (ca. 1 Liter) geben. Vier Mulden formen, Eigelbe sorgfältig in die Mulden geben, mit der restlichen Salzmischung bedecken. Eigelbe zugedeckt im Kühlschrank ca. 12 Std. beizen.
100 g	Zucker	
4	frische Eigelbe	
1	Zwiebel	Zwiebel und Knoblauch schälen, grob hacken, Kartoffeln schälen, in Stücke schneiden. Butter in einer Pfanne warm werden lassen. Zwiebel und Knoblauch andämpfen, Kartoffeln kurz mitdämpfen. Bouillon dazugiessen, zugedeckt bei mittlerer Hitze ca. 20 Min. weich köcheln, pürieren.
1	Knoblauchzehe	
200 g	mehlig kochende Kartoffeln	
1 EL	Butter	
5 dl	Gemüsebouillon	
40 g	Kräuter (z. B. Kerbel, Schnittlauch und Petersilie)	Kräuter fein schneiden, Rahm flaumig schlagen, je die Hälfte unter die Suppe rühren. Suppe anrichten. Eigelbe mit einem Pinsel sorgfältig von der Salzmischung befreien, mit restlichem Schlagrahm und den restlichen Kräutern auf der Suppe anrichten.
2 dl	Vollrahm	

Lässt sich vorbereiten: Suppe bis und mit Bouillon ca. 1 Tag im Voraus zubereiten, auskühlen, zugedeckt im Kühlschrank aufbewahren. Kurz vor dem Servieren Suppe fertig zubereiten.

Portion (¼): 328 kcal, F 27 g, Kh 14 g, E 6 g

Das gebeizte Eigelb verleiht der Suppe einen Überraschungseffekt. Auch wachsweich gekochte Eier passen.

Leichte Spargelsuppe

⏱ 20 Min.   🥕 vegetarisch

500 g	grüne Spargeln	Von den Spargeln unteres Drittel schälen. 10 Spargelspitzen abschneiden, längs in Scheiben schneiden, beiseite legen. Restliche Spargeln in feine Scheiben schneiden. Zwiebel schälen, fein hacken.
1	Zwiebel	
1 EL	Olivenöl	Öl in einer Pfanne warm werden lassen. Zwiebel andämpfen, Spargelscheiben kurz mitdämpfen. Bouillon dazugiessen, aufkochen, ca. 5 Min. köcheln. Von der Zitrone wenig Schale dazureiben und ½ EL Saft dazupressen.
7 dl	Gemüsebouillon	
1	Bio-Zitrone	
100 g	Brot (z. B. Pagnol rustique)	Brot in 4 Scheiben schneiden, mit Frischkäse bestreichen. Öl in einer beschichteten Bratpfanne heiss werden lassen. Beiseite gelegte Spargelspitzen ca. 2 Min. rührbraten, würzen, auf den Brotscheiben anrichten. Kresse darauf verteilen, zur Suppe servieren.
70 g	Doppelrahm-Frischkäse	
1 EL	Olivenöl	
2 Prisen	Salz	
wenig	Pfeffer	
wenig	Kresse	

Portion (¼): 194 kcal, F 11 g, Kh 16 g, E 6 g

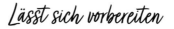

Suppe bis und mit Bouillon ca. 1 Tag im Voraus zubereiten, auskühlen, zugedeckt kühl stellen. Kurz vor dem Servieren fertig zubereiten.

Kohlrabi-Carpaccio

⏱ 15 Min.   🌱 vegan   🌾 glutenfrei   🥛 laktosefrei

2 EL	Aceto balsamico bianco	Aceto und Öl in einer Schüssel verrühren, würzen. Schalotte schälen, fein hacken, Erdbeeren in Würfeli schneiden, beides zur Sauce geben, mischen.
3 EL	Rapsöl	
¼ TL	Salz	
wenig	Pfeffer	
1	Schalotte	
250 g	Erdbeeren	
400 g	Kohlrabi	Kohlrabi schälen, in ca. 2 mm dicke Scheiben hobeln, auf Tellern anrichten. Fleur de Sel darüberstreuen. Erdbeer-Vinaigrette darüberträufeln, Micro Greens darauf verteilen.
¼ TL	Fleur de Sel	
15 g	Micro Greens oder Kresse	

Lässt sich vorbereiten: Erdbeer-Vinaigrette ca. 2 Std. im Voraus zubereiten, Kohlrabi hobeln, beides separat zugedeckt kühl stellen. Carpaccio kurz vor dem Servieren fertig zubereiten.

Portion (¼): 125 kcal, F 9 g, Kh 9 g, E 2 g

Diese frühlingshafte Kombination aus Erdbeeren und Kohlrabi wird Ihre Lieben begeistern.

Salat-Bowl mit Lachs

⏱ 10 Min.   glutenfrei   laktosefrei

2 EL	Weissweinessig	Essig und Öl verrühren, Sauce würzen. Dill fein schneiden, darunterrühren.
4 EL	Olivenöl	
	Salz, Pfeffer, nach Bedarf	
1 Bund	Dill	
1 Bund	Radiesli	Radiesli in Scheiben schneiden. Salat in Stücke zupfen, Lachs in Tranchen schneiden, mit den Blüten anrichten, Sauce darüberträufeln.
150 g	Blattsalat	
180 g	Lachsrückenfilet (Sushi-Qualität) oder geräucherter Lachs	
wenig	essbare Blüten (z. B. Gänseblümchen)	

Portion (¼): 205 kcal, F 17 g, Kh 2 g, E 10 g

Sauce ca. 2 Std. im Voraus zubereiten, Radiesli, Salat und Lachs schneiden, alles separat zugedeckt kühl stellen. Kurz vor dem Servieren Salat fertig zubereiten.

Gebratener Bundrüebli-Salat

⏱ 20 Min.   🥕 vegetarisch   🌾 glutenfrei

2	**Weichkäse** (je ca. 100 g, z. B. Ziegen- oder Kuhmilchkäse)	Käse aus dem Kühlschrank nehmen. Senf, Essig und Öl verrühren, würzen. Petersilie und Schnittlauch fein schneiden, beigeben.
1 EL	**grobkörniger Senf**	
2 EL	**Essig**	
3 EL	**Olivenöl**	
¼ TL	**Salz**	
wenig	**Pfeffer**	
½ Bund	**Petersilie**	
½ Bund	**Schnittlauch**	
50 g	**Cashew-Nüsse**	Nüsse grob hacken, in einer beschichteten Bratpfanne ohne Fett rösten. Herausnehmen, etwas abkühlen, zur Sauce geben, mischen.
350 g	**Bundrüebli mit wenig Grün**	Rüebli evtl. schälen, je nach Grösse längs halbieren oder vierteln. Öl in derselben Pfanne heiss werden lassen, Hitze reduzieren. Rüebli mit dem Salz ca. 8 Min. rührbraten. Käse halbieren, mit den Rüebli anrichten, Sauce darüberträufeln.
1 EL	**Olivenöl**	
¼ TL	**Salz**	

Portion (¼): 359 kcal, F 29 g, Kh 11 g, E 12 g

Lässt sich vorbereiten

Sauce und Rüebli ca. 2 Std. im Voraus zubereiten. Sauce zugedeckt im Kühlschrank aufbewahren und ca. 30 Min. vor dem Servieren aus dem Kühlschrank nehmen. Rüebli zugedeckt beiseite stellen, nach Belieben kurz vor dem Servieren nochmals erwärmen oder kalt servieren.

Spinatsalat mit Grapefruit

⏱ 15 Min. 🥕 vegetarisch 🌾 glutenfrei 🥛 laktosefrei

40 g	Baumnusskerne
2 EL	Kernen-Mix
2	rosa Grapefruits
2 EL	Aceto balsamico bianco
3 EL	Olivenöl
1 TL	flüssiger Honig
¼ TL	Salz
wenig	Pfeffer
100 g	Jungspinat

Baumnusskerne grob hacken, zusammen mit dem Kernen-Mix in einer Bratpfanne ohne Fett rösten, auskühlen.

Von den Grapefruits Boden und Deckel, dann Schale ringsum bis auf das Fruchtfleisch wegschneiden, mit einem scharfen Messer Fruchtfilets (Schnitze) zwischen den weissen Häutchen herausschneiden, dabei Saft auffangen. 2 EL Grapefruitsaft in eine Schüssel geben. Aceto, Öl und Honig beigeben, verrühren, würzen. Spinat und Grapefruitfilets mit der Sauce mischen, Baumnusskerne und Kerne darüberstreuen.

Portion (¼): 209 kcal, F 17 g, Kh 9 g, E 4 g

Grapefruit filetieren

Von den Grapefruits Boden und Deckel, dann Schale ringsum bis auf das Fruchtfleisch wegschneiden, mit einem scharfen Messer Fruchtfilets (Schnitze) zwischen den weissen Häutchen herausschneiden.

Traum in Rosa

Verblüffen Sie Ihre Lieben mit dieser raffinierten, fein-säuerlichen Rhabarberbutter!

Rezept →

Wolfsbarsch mit Rhabarberbutter

⏱ 30 Min. + 30 Min. backen   🌿 glutenfrei

200 g	Rhabarber	Ofen auf 220 Grad vorheizen.
1 EL	Zucker	Rhabarber evtl. schälen, in Stücke schneiden, mit Zu-
2 EL	Wasser	cker und Wasser in einer Pfanne mischen, zugedeckt bei mittlerer Hitze ca. 7 Min. weich köcheln. Rhabarber in ein Sieb geben, abtropfen, auskühlen.
120 g	Butter, weich	Butter, Salz und Pfeffer in eine Schüssel geben,
¼ TL	Salz	mit den Schwingbesen des Handrührgeräts ca. 2 Min.
wenig	Pfeffer	schaumig rühren. Rhabarber beigeben, ca. 1 Min.
1 EL	getrocknete rosa Kornblütenblätter	weiterrühren. Kornblütenblätter daruntermischen. Butter zugedeckt beiseite stellen.
500 g	weisse Spargeln	Weisse Spargeln schälen, je nach Dicke längs halbieren.
500 g	grüne Spargeln	Von den grünen Spargeln unteres Drittel schälen.
2 EL	Olivenöl	Alle Spargeln auf einem mit Backpapier belegten Blech
1 TL	Salz	verteilen, mit Öl, Salz und Pfeffer mischen.
wenig	Pfeffer	
1	Bio-Zitrone	Zitrone in Scheiben schneiden, im Zucker wenden,
2 EL	Zucker	neben den Spargeln aufs Blech legen.
		Backen: ca. 20 Min. in der Mitte des Ofens.
4	Wolfsbarschfilets (je ca. 140 g)	Von den Fischfilets allfällige Gräten mit einer Pinzette entfernen. Fisch mit Öl bestreichen, würzen, auf die
1 EL	Olivenöl	Spargeln legen.
½ TL	Salz	**Fertig backen:** ca. 10 Min. Herausnehmen, Fisch und
wenig	Pfeffer	Spargeln mit der Rhabarberbutter anrichten.

Dazu passen: Reis oder Bratkartoffeln.

Lässt sich vorbereiten: Rhabarberbutter ca. 1 Tag im Voraus zubereiten, zudecken, Spargeln ca. 1 Tag im Voraus rüsten, in Folie einpacken, beides im Kühlschrank aufbewahren.

Portion (¼): 562 kcal, F 40 g, Kh 15 g, E 34 g

Schön rosa: Mischen Sie 5 tiefgekühlte Himbeeren, aufgetaut, unter die Butter.

Spargel-Cannelloni

 25 Min. + 35 Min. backen

Für eine weite ofenfeste Form von ca. 3½ Litern, gefettet

1 kg	grüne Spargeln	Ofen auf 200 Grad vorheizen.
1 EL	Olivenöl	Von den Spargeln unteres Drittel schälen. Spargeln mit
1 TL	Salz	Öl, Salz und Pfeffer mischen.
wenig	Pfeffer	
2 Rollen	Pastateig (ca. 250 g)	Teige entrollen, quer halbieren. Je 2 Schinkentranchen
8	Tranchen Hinterschinken	sich leicht überlappend auf die Teigmitten legen, dabei ringsum einen Rand frei lassen. Je ¼ der Spargeln
2 EL	Olivenöl	quer darauflegen. Freie Teigränder mit Wasser bestreichen, Spargeln mit dem Teig einpacken. Teigpäckli mit Öl bestreichen, in die vorbereitete Form legen.
2½ dl	Milch	Milch, Mascarpone, Käse, Salz und Pfeffer verrühren.
250 g	Mascarpone	Von der Zitrone wenig Schale dazureiben, über
50 g	geriebener Sbrinz	die Spargel-Päckli giessen. Käse darüberstreuen.
½ TL	Salz	
wenig	Pfeffer	
1	Bio-Zitrone	
2 EL	geriebener Sbrinz	
		Backen: ca. 35 Min. in der unteren Hälfte des Ofens. Herausnehmen, ca. 5 Min. ruhen lassen.
20 g	Bärlauch oder Basilikum	Bärlauch fein schneiden, darüberstreuen.

Portion (¼): 762 kcal, F 49 g, Kh 44 g, E 34 g

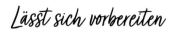

Cannelloni bis und mit Sbrinz ca. 1 Tag im Voraus vorbereiten, zugedeckt kühl stellen.

Fleischvögel mit Safranreis

⏱ 30 Min. + 1½ Std. schmoren

Für einen Brattopf

8	Scheiben Toastbrot	Brotscheiben etwas flacher auswallen. Plätzli etwas flach klopfen, würzen, je eine Brotscheibe darauflegen. Peperoncini grob hacken, auf den Broten verteilen. Plätzli aufrollen, mit Zahnstochern fixieren.
8	dünne Rindsplätzli (je ca. 80 g, z. B. Unterspälte)	
1 TL	Salz	
wenig	Pfeffer	
1 Päckli	Peperoncini mit Frischkäsefüllung (ca. 210 g)	
	Öl zum Braten	Wenig Öl im Brattopf heiss werden lassen. Fleischvögel im Mehl wenden, überschüssiges Mehl abschütteln, portionenweise bei mittlerer Hitze rundum ca. 3 Min. anbraten. Herausnehmen, Bratfett auftupfen, evtl. wenig Öl beigeben.
2 EL	Mehl	
1	Zwiebel	Zwiebel schälen, in feine Streifen schneiden, mit dem Tomatenpüree ca. 2 Min. andämpfen. Wein und Aceto dazugiessen, auf die Hälfte einkochen. Bouillon dazugiessen, aufkochen, Hitze reduzieren. Fleischvögel wieder beigeben, zugedeckt bei kleiner Hitze ca. 1½ Std. schmoren.
1 EL	Tomatenpüree	
2 dl	Rotwein	
½ dl	Aceto balsamico	
3½ dl	Rindsbouillon	
1	Zwiebel	Zwiebel schälen, fein hacken. Öl in einer weiten Pfanne warm werden lassen. Zwiebel andämpfen, Reis und Safran beigeben, unter Rühren dünsten, bis der Reis glasig ist. Bouillon dazugiessen, aufkochen, Hitze reduzieren. Reis zugedeckt bei kleiner Hitze ca. 20 Min. köcheln, bis alle Flüssigkeit eingekocht ist, würzen.
1 EL	Olivenöl	
250 g	Langkornreis (z. B. Parboiled)	
1	Briefchen Safran	
6 dl	Gemüsebouillon	
	Salz, Pfeffer, nach Bedarf	

Portion (¼): 892 kcal, F 38 g, Kh 85 g, E 48 g

Fleischvögel ca. 1 Tag im Voraus schmoren, auskühlen, zugedeckt kühl stellen. Vor dem Servieren langsam heiss werden lassen.

Spargel-Feta-Pie

⏱ 30 Min. + 30 Min. backen   vegetarisch

Für ein Backblech von ca. 30 cm Ø

1 kg	grüne Spargeln	Ofen auf 220 Grad vorheizen. Von den Spargeln unteres Drittel schälen. 8 Spargelspitzen abschneiden, für die Garnitur beiseite legen. Rest schräg in ca. 3 cm grosse Stücke, Bundzwiebeln in feine Ringe schneiden.
2	Bundzwiebeln mit dem Grün	

1 EL	Olivenöl	Öl in einer Pfanne warm werden lassen. Zwiebeln andämpfen, Spargeln ca. 5 Min. mitdämpfen, würzen. Von der Zitrone die Hälfte der Schale dazureiben, mischen, auskühlen.
1 TL	Salz	
wenig	Pfeffer	
1	Bio-Zitrone	

2	ausgewallte Blätterteige (je ca. 32 cm Ø)	Einen Teig entrollen, mit dem Backpapier ins Blech legen. Teigboden mit einer Gabel dicht einstechen. Mandeln darauf verteilen. Feta zerbröckeln, die Hälfte davon auf dem Teigboden verteilen, Spargeln daraufgeben. Restlichen Feta darüberstreuen. Zweiten Teig entrollen, mit einem Ausstecher zum Beispiel 3 Blumen (ca. 3 cm Ø) ausstechen. Teig mithilfe des Backpapiers auf die Spargelfüllung legen, Backpapier sorgfältig entfernen. Teigrand ringsum gut andrücken. Ei verklopfen, Teig damit bestreichen.
4 EL	gemahlene geschälte Mandeln	
300 g	Feta	
1	Ei	

Backen: ca. 30 Min. auf der untersten Rille des Ofens. Herausnehmen.

5	Radiesli	Beiseite gelegte Spargelspitzen längs in Scheiben schneiden. Radiesli in Scheiben schneiden, mit Zitronensaft, Öl und Zucker mischen, würzen, mit dem Pie anrichten.
1 TL	Zitronensaft	
1 TL	Olivenöl	
2 Prisen	Zucker	
	Salz, Pfeffer, nach Bedarf	

Lässt sich vorbereiten: Pie ca. ½ Tag im Voraus vorbereiten, zugedeckt kühl stellen.

Portion (¼): 840 kcal, F 56 g, Kh 52 g, E 28 g

Marinierte rohe Spargelspitzen schmecken sehr delikat.

Lammrack mit Fenchel

⏱ 30 Min. + 40 Min. backen 🍽 schlank 🌾 glutenfrei 🥛 laktosefrei

2	**Lammracks** (je ca. 400 g)	Fleisch ca. 30 Min. vor dem Anbraten aus dem Kühlschrank nehmen. Ofen auf 180 Grad vorheizen.
600 g 1 1 EL ½ TL wenig	**Fenchel** **Bundzwiebel** mit dem Grün **Olivenöl** **Salz** **Pfeffer**	Fenchel in ca. 1 cm dicke Scheiben schneiden, in eine Schüssel geben. Bundzwiebel längs vierteln, mit Öl, Salz und Pfeffer beigeben, mischen, auf einem mit Backpapier belegten Blech verteilen.
		Backen: ca. 20 Min. in der Mitte des Ofens.
100 g 6 ½ Bund 2 EL	**grüne und schwarze entsteinte Oliven** **getrocknete Tomaten in Öl** **Oregano** **Pinienkerne**	Oliven in Ringe schneiden, Tomaten abtropfen, fein hacken, Oregano fein schneiden, alles mit den Pinienkernen mischen.
1 EL ¾ TL wenig	**Olivenöl** **Salz** **Pfeffer**	Öl in einer Bratpfanne heiss werden lassen. Fleisch würzen, ca. 4 Min. anbraten, neben dem Fenchel aufs Blech legen. Fleischthermometer an der dicksten Stelle in ein Lammrack stecken. Olivenmasse auf dem Lamm und dem Fenchel verteilen.
		Fertig backen: ca. 20 Min. Die Kerntemperatur des Fleisches soll ca. 55 Grad betragen. Fleisch tranchieren, mit dem Fenchel anrichten.

Dazu passt: Risotto (S. 52), zum Beispiel mit Bärlauch.

Portion (¼): 441 kcal, F 29 g, Kh 6 g, E 36 g

Lässt sich vorbereiten

Gemüse und Olivenmasse ca. 2 Std. im Voraus schneiden, Lamm ca. 2 Std. im Voraus anbraten. Beides zugedeckt beiseite stellen.

Käselachs mit Erbslimus

⏱ 30 Min. + 2 Std. marinieren + 32 Min. backen   glutenfrei   laktosefrei

800 g	Lachsfilet mit Haut	Lachs 8-mal schräg einschneiden. Käse in sehr feine Scheiben schneiden, in die Einschnitte stecken. Pfefferkörner im Mörser zerstossen, mit Öl und Konfitüre mischen. Lachs damit bestreichen, zugedeckt im Kühlschrank ca. 2 Std. marinieren.
150 g	Gruyère	
½ TL	schwarze Pfefferkörner	
1 EL	Olivenöl	
½ EL	Konfitüre (z. B. Aprikose oder Quitte)	
1	Zwiebel	Ofen auf 220 Grad vorheizen. Zwiebel schälen, fein hacken. Öl in einer Pfanne warm werden lassen. Zwiebel ca. 5 Min. andämpfen, Erbsli kurz mitdämpfen. Wasser dazugiessen, ca. 7 Min. köcheln, würzen. Erbsli mit dem Pürierstab sehr kurz pürieren, zugedeckt warm halten.
1 EL	Olivenöl	
500 g	tiefgekühlte Erbsli, angetaut	
1 dl	Wasser	
½ TL	Salz	
wenig	Pfeffer	
800 g	Frühkartoffeln	Kartoffeln in ca. 8 mm dicke Scheiben schneiden, in eine Schüssel geben. Rosmarin fein schneiden, mit Öl, Salz und Pfeffer beigeben, mischen, auf einem mit Backpapier belegten Blech verteilen.
1	Zweiglein Rosmarin	
1 EL	Olivenöl	
¾ TL	Salz	
wenig	Pfeffer	
¾ TL	Fleur de Sel	**Backen:** ca. 20 Min. in der Mitte des Ofens. Herausnehmen, Kartoffeln an den Rand schieben. Lachs aufs Blech legen, salzen. **Fertig backen:** ca. 12 Min. Herausnehmen, Lachs mit den Kartoffeln und dem Erbslimus anrichten.

Portion (¼): 901 kcal, F 49 g, Kh 49 g, E 60 g

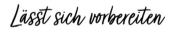

Erbslipüree ca. 2 Std. im Voraus zubereiten. Kartoffeln und Rosmarin ca. 1 Std. im Voraus schneiden. Erbslipüree kurz vor dem Servieren heiss werden lassen.

Food Pairing

Die Kombination von Lachs und Käse mag überraschen, schmeckt aber sehr harmonisch.

Speckfilet mit Rhabarber und Pilaw

⏱ 20 Min. + 30 Min. backen

Für 2 weite ofenfeste Formen von je ca. 2 Litern, gefettet

2	falsche Schweinsfilets (je ca. 270 g)	Fleisch ca. 30 Min. vor dem Backen aus dem Kühlschrank nehmen. Ofen auf 180 Grad (Heissluft) vorheizen.
16	Tranchen Bratspeck	Die Hälfte des Specks sich leicht überlappend auf ein Backpapier legen. 1 Filet darauflegen, mithilfe des Backpapiers mit dem Speck umwickeln. Das andere Filet ebenso mit dem restlichen Speck umwickeln. Beide Filets auf das Backofengitter legen.
500 g	Rhabarber	Rhabarber in ca. 4 cm grosse Stücke, Bundzwiebel-
3	Bundzwiebeln mit dem Grün	grün in Ringe, Zwiebeln in Schnitze schneiden, in die eine Form geben. Zucker, Öl, Salz und Pfeffer
2 EL	Zucker	daruntermischen, auf ein Blech stellen.
1 EL	Olivenöl	
¾ TL	Salz	
wenig	Pfeffer	
250 g	Langkornreis	Die zweite Form ebenfalls aufs Blech stellen, Reis hin-
1	Schalotte	eingeben. Schalotte schälen, fein hacken, mit dem
1	Lorbeerblatt	Lorbeerblatt beigeben, mischen. Bouillon aufkochen,
6 dl	Gemüsebouillon	über den Reis giessen, Form mit Alufolie zudecken. Das Backblech in die untere Hälfte, die Filets in die obere Hälfte des Ofens schieben.
25 g	Butter	**Backen:** ca. 30 Min. Herausnehmen, Butter unter den
½ TL	Fleur de Sel	Pilaw mischen. Fleisch tranchieren, Fleur de Sel darüberstreuen, mit dem Rhabarbergemüse und dem Pilaw anrichten.

Portion (¼): 705 kcal, F 33 g, Kh 59 g, E 43 g

Lässt sich vorbereiten

Speckfilet und Rhabarbergemüse ca. ½ Tag im Voraus vorbereiten, zugedeckt kühl stellen. Fleisch ca. 30 Min. vor dem Backen aus dem Kühlschrank nehmen.

Kräuterknöpfli mit Morchelsauce

⏱ 50 Min. + 30 Min. quellen lassen   🥕 vegetarisch

300 g wenig 1 TL	Mehl Muskat Salz	Mehl, Muskat und Salz in einer Schüssel mischen, in der Mitte eine Mulde eindrücken.
20 g 20 g 1½ dl 3	Bärlauch Basilikum Milchwasser (½ Milch / ½ Wasser) frische Eier	Bärlauch und Basilikum grob schneiden, mit dem Milchwasser und den Eiern pürieren. Masse nach und nach unter Rühren in die Mulde giessen, mit einer Kelle mischen, so lange klopfen, bis der Teig glänzt und Blasen wirft. Zugedeckt bei Raumtemperatur ca. 30 Min. quellen lassen.
	Salzwasser, siedend	Teig portionenweise durchs Knöpflisieb ins leicht siedende Salzwasser streichen. Knöpfli ziehen lassen, bis sie an die Oberfläche steigen, mit einer Schaumkelle herausnehmen, kalt abspülen, abtropfen.
800 g 1 120 g	Krautstiel Zwiebel Morcheln	Krautstiel in ca. 1½ cm breite Streifen schneiden. Zwiebel schälen, fein hacken. Morcheln längs vierteln, gut waschen, abtropfen.
1 EL 1 dl 2 dl 1 dl ¼ TL wenig	Butter Weisswein Saucen-Halbrahm Wasser Salz Pfeffer	Butter in einer Pfanne warm werden lassen. Zwiebel und Morcheln ca. 3 Min. andämpfen. Wein dazugiessen, vollständig einkochen. Saucen-Halbrahm und Wasser dazugiessen, bei kleiner Hitze ca. 10 Min. köcheln, würzen.
 ½ TL wenig	Bratbutter zum Braten Salz Pfeffer	Wenig Bratbutter in einer beschichteten Bratpfanne warm werden lassen. Krautsiel nach und nach beigeben, zusammenfallen lassen, würzen, ca. 10 Min. dämpfen. Herausnehmen, wenig Bratbutter in dieselbe Pfanne geben. Knöpfli beigeben, goldgelb braten. Krautstiel daruntermischen, heiss werden lassen, mit der Morchelsauce anrichten.

Lässt sich vorbereiten: Knöpfli ca. 1 Tag im Voraus zubereiten, auskühlen, zugedeckt kühl stellen. Den Krautstiel ca. 2 Std. im Voraus zubereiten, zugedeckt beiseite stellen. Vor dem Servieren Morchelsauce zubereiten, die Knöpfli braten, mit dem Krautstiel mischen, heiss werden lassen.

Portion (¼): 568 kcal, F 25 g, Kh 62 g, E 21 g

Keinen Bärlauch?
Sie können die Knöpfli auch nur mit Basilikum zubereiten.

Schweinsrack mit Frühlingsgemüse

⏱ 30 Min. + 1½ Std. garen im Ofen   🌾 glutenfrei

Für eine weite ofenfeste Form von ca. 2 Litern, gefettet

1,2 kg	**Schweinsrack**, beim Metzger vorbestellt **Bratbutter** zum Anbraten	Fleisch ca. 1 Std. vor dem Anbraten aus dem Kühlschrank nehmen. Ofen auf 120 Grad vorheizen. Bratbutter in einer Bratpfanne heiss werden lassen. Fleisch würzen, rundum ca. 5 Min. anbraten, erst wenden, wenn sich eine Kruste gebildet hat. Fleisch herausnehmen, auf ein mit Backpapier belegtes Blech legen. Bratfett auftupfen. Fleischthermometer an der dicksten Stelle ins Fleisch stecken.
1¼ TL	**Salz**	
wenig	**Pfeffer**	
		Garen: ca. 45 Min. in der Mitte des Ofens.
300 g	**Kohlrabi**	Kohlrabi schälen, in ca. 1 cm dicke Scheiben schneiden. Bratbutter in derselben Pfanne heiss werden lassen, Kohlrabi, ca. 5 Min. rührbraten. Kefen und Erbsli ca. 1 Min. mitrührbraten, würzen, in die vorbereitete Form geben, neben dem Fleisch aufs Blech stellen.
1 EL	**Bratbutter**	
300 g	**tiefgekühlte Kefen**, aufgetaut	
150 g	**tiefgekühlte Erbsli**, aufgetaut	
½ TL	**Salz**	
wenig	**Pfeffer**	
		Fertig garen: ca. 45 Min. in der Mitte des Ofens. Die Kerntemperatur des Fleisches soll ca. 65 Grad betragen.
125 g	**Butter**, weich	Butter und Salz mit den Schwingbesen des Handrührgeräts ca. 2 Min. rühren. Estragon fein schneiden, mit Pfeffer und Aceto beigeben, ca. 1 Min. weiterrühren. Fleisch den Knochen entlang tranchieren, mit dem Gemüse und der Estragonbutter anrichten.
¼ TL	**Salz**	
1 Bund	**Estragon**	
wenig	**Pfeffer**	
1 TL	**Aceto balsamico bianco**	

Dazu passen: Nüdeli.

Lässt sich vorbereiten: Estragonbutter ca. 1 Tag im Voraus zubereiten, zugedeckt im Kühlschrank aufbewahren.

Portion (¼): 769 kcal, F 53 g, Kh 15 g, E 55 g

Zum Schwelgen: knackiges Frühlingsgemüse und butterzartes Fleisch!

Rindsfilet mit Rüebli und Rotweinsauce

⏱ 30 Min. + 45 Min. niedergaren   🍽 schlank

800 g	**Rindsfilet** (Mittelstück)	Fleisch ca. 1 Std. vor dem Anbraten aus dem Kühlschrank nehmen. Ofen auf 80 Grad vorheizen, Platte und Teller vorwärmen.
1 EL **¾ TL** **wenig**	**Bratbutter** **Salz** **Pfeffer**	Bratbutter in einer Bratpfanne heiss werden lassen. Fleisch würzen, rundum ca. 5 Min. anbraten, erst wenden, wenn sich eine Kruste gebildet hat. Fleisch auf die vorgewärmte Platte legen, Fleischthermometer an der dicksten Stelle einstecken. Pfanne mit dem Bratsatz beiseite stellen.
		Niedergaren: ca. 45 Min. in der Mitte des Ofens. Die Kerntemperatur soll ca. 55 Grad betragen. Das Fleisch kann anschliessend bei 60 Grad bis zu 1 Std. warm gehalten werden.
600 g **1 EL** **½ dl** **½ TL** **1 TL** **wenig**	**Bundrüebli** **Butter** **Wasser** **Salz** **Honig** **Pfeffer**	Rüebli je nach Dicke längs halbieren. Butter in einer weiten Pfanne warm werden lassen. Rüebli andämpfen. Wasser und Salz beigeben, zugedeckt bei kleiner Hitze ca. 10 Min. dämpfen. Deckel entfernen, Honig und Pfeffer daruntermischen, ca. 5 Min. fertig dämpfen.
1 **1** **2 dl** **2 TL** **2 dl** **25 g**	**Schalotte** **Zweiglein Rosmarin** **Rotwein** **Maizena** **Fleischbouillon**, kalt **Butter**	Schalotte schälen, fein hacken, mit dem Rosmarin und dem Wein in die beiseite gestellte Bratpfanne geben, aufkochen. Bratsatz lösen, zur Hälfte einkochen. Maizena mit der Bouillon anrühren, unter Rühren dazugiessen, aufkochen, ca. 2 Min. köcheln. Pfanne von der Platte nehmen, Butter darunterrühren. Fleisch quer zur Faser tranchieren, mit der Sauce und den Rüebli anrichten.

Portion (¼): 383 kcal, F 16 g, Kh 12 g, E 45 g

Lässt sich vorbereiten

Bundrüebli und Sauce ca. 2 Std. im Voraus zubereiten, zugedeckt beiseite stellen, kurz vor dem Servieren heiss werden lassen.

Kräuterfleischkäse mit Kartoffelsalat

⏱ 30 Min. + 70 Min. backen

Für eine Cakeform von ca. 25 cm, mit Backpapier ausgelegt

1 Bund	Dill	Ofen auf 180 Grad vorheizen.
1 Bund	Petersilie	Dill und Petersilie fein schneiden, mit dem Brät in eine Schüssel geben, mischen, in die vorbereitete Form füllen. Form auf ein mit Backpapier belegtes Blech stellen.
750 g	Brät (Fleischkäse zum Backen)	

Backen: ca. 30 Min. in der Mitte des Ofens.

800 g	Frühkartoffeln	Kartoffeln in Scheiben schneiden, mit Öl und Salz in einer Schüssel mischen, neben dem Fleischkäse auf dem Blech verteilen.
1 EL	Olivenöl	
¾ TL	Salz	

Fertig backen: ca. 40 Min. Herausnehmen, Kartoffeln in eine Schüssel geben. Fleischkäse im ausgeschalteten, leicht geöffneten Ofen warm halten.

1	rote Zwiebel	Zwiebel schälen, fein hacken, zu den Kartoffeln geben. Bouillon aufkochen, darübergiessen, zugedeckt ca. 10 Min. ziehen lassen.
1½ dl	Gemüsebouillon	

1	Gurke	Gurke schälen, entkernen, in Stücke schneiden, zu den Kartoffeln geben. Senf, Essig und Öl verrühren, darübergiessen, sorgfältig mischen, würzen. Fleischkäse in Tranchen schneiden, mit dem Kartoffelsalat anrichten.
1 EL	grobkörniger Senf	
2 EL	Essig	
4 EL	Olivenöl	
	Salz, Pfeffer, nach Bedarf	

Portion (¼): 818 kcal, F 61 g, Kh 36 g, E 28 g

Lässt sich vorbereiten

Fleischkäse und Kartoffelsalat ca. 1 Std. im Voraus zubereiten, Fleischkäse bei 60 Grad im Ofen warm halten, Salat zugedeckt beiseite stellen.

Poulet mit Spargeln und Morcheln

⏱ 45 Min.   🍴 schlank

Für einen Brattopf

500 g	weisse Spargeln	Weisse Spargeln gut schälen, je nach Dicke längs halbieren. Von den grünen Spargeln nur unteres Drittel schälen, alle Spargeln schräg in ca. 4 cm lange Stücke schneiden. Schalotten schälen, in feine Schnitze schneiden. Morcheln je nach Grösse längs halbieren oder vierteln, gut waschen, abtropfen.
500 g	grüne Spargeln	
2	Schalotten	
80 g	Morcheln oder Champignons	
2 Prisen	**Bratbutter** zum Braten Salz	Bratbutter im Brattopf heiss werden lassen. Hitze reduzieren, Morcheln beigeben, salzen, ca. 5 Min. rührbraten. Herausnehmen, wenig Bratbutter beigeben, Hitze reduzieren.
¾ TL	Salz	Spargeln und Schalotten beigeben, salzen, ca. 5 Min. rührbraten, herausnehmen.
600 g	Pouletbrüstli	Poulet in ca. 2 cm grosse Würfel schneiden. Wenig Bratbutter in den Brattopf geben. Poulet portionenweise je ca. 2 Min. anbraten, herausnehmen, würzen. Wein in den Brattopf giessen, aufkochen, Bratsatz lösen, auf die Hälfte einköcheln. Maizena mit dem Wasser anrühren, Rahm und Bouillonpulver beigeben, unter Rühren dazugiessen, aufkochen. Hitze reduzieren, ca. 2 Min. köcheln.
¾ TL	Salz	
wenig	Pfeffer	
1 dl	Weisswein	
1 EL	Maizena	
2¾ dl	Wasser	
2½ dl	Rahm	
2 TL	Gemüsebouillonpulver	
½ Bund	Estragon	Morcheln, Spargeln und Poulet wieder beigeben, mischen, zugedeckt bei kleiner Hitze ca. 8 Min. ziehen lassen. Estragon grob schneiden, darüberstreuen.

Portion (¼): 474 kcal, F 27 g, Kh 12 g, E 41 g

Lässt sich vorbereiten

Morcheln und Spargeln ca. 2 Std. im Voraus rührbraten, Sauce zubereiten. Kurz vor dem Servieren Spargeln und Morcheln in die Sauce geben, aufkochen, Poulet würzen, ohne Anbraten beigeben, zugedeckt bei kleiner Hitze ca. 10 Min. ziehen lassen.

Frühling – Hauptgericht

Cordon bleu mit Frühlingsgemüse

⏱ 40 Min. + 15 Min. backen

150 g	**Freiburger Vacherin**	Käse in feine Stängelchen schneiden. Bärlauch grob schneiden, beides auf die Mitte der Schinkentranchen legen, zu Päckli formen, auf je eine Plätzlihälfte legen. Plätzli falten, Ränder gut andrücken, mit Zahnstochern verschliessen, würzen. Mehl und Panko je in einen flachen Teller geben. Eier in einem tiefen Teller verklopfen. Plätzli im Mehl wenden, überschüssiges Mehl abschütteln, im Ei, dann im Panko wenden, Panade gut andrücken. Das Backofengitter auf ein Blech legen.
20 g	**Bärlauch** oder Basilikum	
4	**Tranchen Hinterschinken** (ca. 130 g)	
4	**Kalbsplätzli** (z. B. Eckstück; je ca. 150 g), vom Metzger zum Füllen aufgeschnitten, flach geklopft	
¾ TL	**Salz**	
wenig	**Pfeffer**	
3 EL	**Mehl**	
120 g	**Panko**	
2	**Eier**	
6 EL	**Bratbutter** **Butterflöckli**	3 EL Bratbutter in einer beschichteten Bratpfanne heiss werden lassen. Hitze reduzieren, zwei Cordons bleus beidseitig je ca. 2 Min. anbraten, auf das Backofengitter legen. Pfanne mit Haushaltpapier ausreiben. 3 EL Bratbutter in die Pfanne geben, restliche Cordons bleus gleich braten, auf das Gitter legen. Butterflöckli darauf verteilen.
3	**Bundzwiebeln** mit dem Grün	Ofen auf 160 Grad (Heissluft) vorheizen. Zwiebelgrün in Ringe schneiden, Zwiebeln und Radiesli vierteln.
2 Bund	**Radiesli**	
1 EL	**Olivenöl**	Öl in einer Pfanne warm werden lassen. Zwiebeln mit dem Grün andämpfen, Radiesli kurz mitdämpfen. Wasser beigeben, zugedeckt ca. 5 Min. weiterdämpfen. Erbsli beigeben, ca. 5 Min. fertigdämpfen, würzen. Cordons bleus mit dem Gitter und dem Blech in den heissen Ofen schieben.
½ dl	**Wasser**	
300 g	**tiefgekühlte Erbsli**, aufgetaut	
¾ TL	**Salz**	
wenig	**Pfeffer**	
1	**Bio-Zitrone**	**Backen:** ca. 15 Min. Zitrone in Scheiben schneiden, mit den Cordons bleus und dem Gemüse anrichten.

Portion (¼): 838 kcal, F 46 g, Kh 40 g, E 62 g

TIPP

Lässt sich vorbereiten
Cordons bleus ca. 2 Std. im Voraus anbraten, auf dem Gitter beiseite stellen. Kurz vor dem Servieren backen. Gemüse ca. 2 Std. im Voraus dämpfen, kurz vor dem Servieren heiss werden lassen.

Risotto zum Vorbereiten

⏱ 30 Min.   🥕 vegetarisch

1	**Zwiebel**	Zwiebel schälen, fein hacken. Öl in einer Pfanne
1 EL	**Olivenöl**	warm werden lassen. Zwiebel ca. 5 Min. andämpfen.
250 g	**Risottoreis** (Kochzeit 20 Min.)	Reis beigeben, unter Rühren dünsten, bis er glasig ist.
2 dl	**Weisswein**	Wein dazugiessen, unter Rühren vollständig einkochen. Bouillon dazugiessen, aufkochen, ca. 2 Min. sprudelnd kochen, mit dem Deckel zudecken, Pfanne von der Platte nehmen, ca. 20 Min. ziehen lassen. Deckel dabei nie abheben!
6½ dl	**Gemüsebouillon**	
80 g	**geriebener Parmesan**	Kurz vor dem Servieren Risotto aufkochen, Käse und Butter daruntermischen, würzen.
20 g	**Butter**	
	Salz, Pfeffer, nach Bedarf	

Portion (¼): 366 kcal, F 13 g, Kh 51 g, E 12 g

Lässt sich vorbereiten

Risotto bis und mit Bouillon ca. 2 Std. im Voraus zubereiten. Zugedeckt beiseite stellen. Kurz vor dem Servieren fertig zubereiten.

Kräftige Farbe

Ihr Rotwein-Risotto bekommt eine kräftige Farbe, wenn Sie 3 dl Rotwein in 2 Portionen einköcheln.

Raffiniert!

Verfeinern Sie Ihren Rotwein-Risotto statt mit Parmesan mit Testun al Barolo, grob gerieben.

Tipp

Weisswein-Risotto vermählt sich gern mit Kräutern (z. B. Dill, Bärlauch) oder mit einem Pesto.

Noch cremiger!

Noch cremiger wird Ihr Risotto mit Mascarpone, Meerrettichschaum oder Schlagrahm.

Schnelle Deko-Ideen

Verzieren Sie die Holunderblütencreme mit essbaren Blüten, weissen Schokoladespänen oder Guetzli.

Rezept →

Holunderblütencreme mit Streuseln

⏱ 5 Min.   🚫 glutenfrei

Für 4 Gläser von je ca. 2 dl

250 g	Ricotta	Ricotta, Joghurt und Holunderblütensirup in einen Messbecher geben. Von der Zitrone die Hälfte der Schale dazureiben, 1 EL Saft dazupressen, mit dem Mixstab ca. 1 Min. pürieren, in die Gläser füllen.
180 g	Joghurt nature	
80 g	Holunderblütensirup (unverdünnt)	
1	Bio-Zitrone	
2 EL	ungesalzene geschälte Pistazien	Pistazien grob hacken, Creme mit den Himbeerstreuseln und den Pistazien verzieren.
2 EL	Himbeerstreusel	

Portion (¼): 229 kcal, F 12 g, Kh 23 g, E 8 g

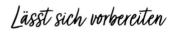

Die Creme lässt sich ca. 4 Std. im Voraus zubereiten, zugedeckt kühl stellen. Creme kurz vor dem Servieren verzieren.

Zitronentörtchen

⏱ 40 Min. + 1 Std. kühl stellen

Ergibt 6 Stück

2	Bio-Zitronen	Von den Zitronen Schale abreiben, Saft auspressen (ca. 1 dl), beides in eine Pfanne geben.
1½ dl	Wasser	Wasser, Zucker, Maizena, Ei und Salz beigeben, mit dem Schwingbesen verrühren, unter ständigem Rühren bei mittlerer Hitze zum Kochen bringen. Sobald die Masse bindet, die Pfanne sofort von der Platte nehmen. Butter in Stücke schneiden, darunterrühren. Creme durch ein Sieb in eine Schüssel streichen. Klarsichtfolie direkt auf die Creme legen, auskühlen, ca. 1 Std. kühl stellen.
80 g	Zucker	
2 EL	Maizena	
1	frisches Ei	
1 Prise	Salz	
30 g	Butter	
1	Bio-Zitrone	Zitrone in ca. 2 mm dicke Scheiben schneiden. Wasser mit dem Zucker aufkochen. Zitronenscheiben beigeben, bei mittlerer Hitze ca. 6 Min. knapp weich köcheln. Herausnehmen, auskühlen.
1 dl	Wasser	
3 EL	Zucker	
6	gezuckerte Blätterteig-Tartelettes (z. B. Betty Bossi)	Creme glatt rühren, in die Tartelettes füllen, mit den Zitronenscheiben verzieren. Meringues-Schalen zerbröckeln, darüberstreuen, Zitronenmelissenblätter abzupfen, darüberstreuen.
2	Meringues-Schalen	
2	Zweiglein Zitronenmelisse	

Stück: 289 kcal, F 12 g, Kh 41 g, E 3 g

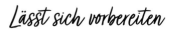

Creme und Zitronen ca. 1 Tag im Voraus zubereiten, zugedeckt kühl stellen.

Rhabarber-Erdbeer-Crumble

 15 Min. + 30 Min. backen

Für 1 weite ofenfeste Form von je ca. 2 Litern, gefettet

500 g	Rhabarber	Ofen auf 180 Grad vorheizen.
500 g	Erdbeeren	Rhabarber evtl. schälen, in ca. 1 cm grosse Stücke
80 g	Gelierzucker	schneiden, in eine Schüssel geben. Erdbeeren halbieren,
¼ TL	gemahlene Vanillestängel	mit Zucker und Vanille daruntermischen, in der vorbereiteten Form verteilen.
80 g	Butter	Butter in einer Pfanne schmelzen. Brot fein, Mandeln
50 g	weiches Weissbrot (z. B Weggli)	grob hacken, mit dem Zucker zur Butter geben, mischen, auf dem Rhabarber und den Erdbeeren
70 g	Mandeln	verteilen.
70 g	Zucker	

Backen: ca. 30 Min. in der Mitte des Ofens. Herausnehmen, etwas abkühlen.

Lässt sich vorbereiten: Rhabarber und Erdbeeren ca. ½ Tag im Voraus schneiden, zugedeckt kühl stellen. Crumble ca. ½ Tag im Voraus vorbereiten, zugedeckt beiseite stellen.

Portion (⅙): 333 kcal, F 18 g, Kh 36 g, E 5 g

Zum Dahinschmelzen

Servieren Sie Schlagrahm oder Glace (z. B. Vanille, Fior di Latte) dazu.

Panna cotta mit Rhabarberkompott

⏱ 25 Min. + 4 Std. kühl stellen   glutenfrei

Für 4 Förmchen von je ca. 1½ dl, kalt ausgespült

3 Blatt	**Gelatine**	Gelatine ca. 5 Min. in kaltem Wasser einlegen.
1 4 dl 1 dl 2½ EL	**Vanillestängel** **Vollrahm** **Milch** **Zucker**	Vanillestängel längs aufschneiden, Samen auskratzen, beides mit Rahm, Milch und Zucker aufkochen, Hitze reduzieren, auf ca. 4 dl einkochen. Pfanne von der Platte nehmen. Gelatine abtropfen, darunterrühren. Masse durch ein Sieb in einen Messbecher giessen, in die vorbereiteten Förmchen giessen, auskühlen, zugedeckt im Kühlschrank ca. 4 Std. fest werden lassen.
350 g 80 g 2 EL	**Rhabarber** **Gelierzucker** (Coop) **Wasser**	Rhabarber je nach Dicke längs halbieren, schräg in ca. 3 cm grosse Stücke schneiden, mit dem Gelierzucker und dem Wasser zugedeckt ca. 3 Min. knapp weich köcheln, auskühlen.
		Panna cotta mit einer Messerspitze sorgfältig vom Förmchenrand lösen. Förmchen kurz in heisses Wasser tauchen, Panna cotta auf Teller stürzen, mit dem Rhabarberkompott anrichten.

Portion (¼): 474 kcal, F 36 g, Kh 33 g, E 4 g

Lässt sich vorbereiten

Panna cotta und Kompott ca. 1 Tag im Voraus zubereiten, zugedeckt kühl stellen. Kompott ca. 1 Std. vor dem Servieren aus dem Kühlschrank nehmen.

Rhabarber-Linzertorte

⏱ 50 Min. + 40 Min. backen

Für eine Springform von ca. 26 cm Ø, Boden mit Backpapier belegt, Rand gefettet

250 g	Butter, weich	Butter in eine Schüssel geben, Zucker und Salz dar-
200 g	Zucker	unterrühren. Eier beigeben, mit den Schwingbesen des
1 Prise	Salz	Handrührgeräts weiterrühren, bis die Masse heller
2	Eier	ist. Von der Zitrone die Hälfte der Schale dazureiben,
1	Bio-Zitrone	darunterrühren.

130 g	gemahlene geschälte Mandeln	Mandeln und Mehl mischen, unter die Masse mischen. ¾ des Teigs mit einem Löffelrücken auf dem vorbe-
220 g	Mehl	reiteten Formenboden verteilen, dabei Rand ca. 3 cm
70 g	gemahlene geschälte Mandeln	hochziehen. Teigboden mit einer Gabel dicht einste-chen, Mandeln darauf verteilen, kühl stellen.

| 50 g | Mehl | Restlichen Teig mit dem Mehl mischen, kneten, zwischen einem aufgeschnittenen Plastikbeutel ca. 4 mm dick auswallen, ca. 20 Min. kühl stellen. |

500 g	Rhabarber	Ofen auf 180 Grad vorheizen.
150 g	Zucker	Rhabarber schälen, in ca. 1 cm dicke Scheiben schnei-
½	Päckli Geliermittel 2:1 (für 500 g Früchte)	den. Mit Zucker, Geliermittel, Wasser, Vanille und Zimt in einer Pfanne mischen, unter Rühren aufkochen,
2 EL	Wasser	ca. 2 Min. kochen, auskühlen. Rhabarbermasse auf
¼ TL	gemahlene Vanillestängel	dem Teigboden verteilen.
¼ TL	Zimt	

Ausgewallten Teig mit einem Messer oder einem Teigrädchen in ca. 1 cm breite Streifen schneiden, gitterartig auf die Rhabarbermasse legen, am Rand leicht andrücken.

Backen: ca. 40 Min. auf der untersten Rille des Ofens. Herausnehmen, in der Form etwas abkühlen, Formenrand entfernen, auf einem Gitter auskühlen.

Lässt sich vorbereiten: Torte ca. 1 Tag im Voraus zubereiten, auskühlen, zugedeckt kühl stellen. Torte ca. 1 Std. vor dem Servieren aus dem Kühlschrank nehmen.

Stück (¹⁄₁₂): 466 kcal, F 27 g, Kh 46 g, E 8 g

Der Klassiker in einer besonders saftigen Variante.

Erdbeertorte

⏱ 35 Min. + 35 Min. backen

Für eine Springform von ca. 24 cm Ø, Boden mit Backpapier belegt

200 g	**Butter,** weich	Ofen auf 180 Grad vorheizen.
200 g	**Zucker**	Butter in eine Schüssel geben, Zucker und Salz
1 Prise	**Salz**	beigeben, mit den Schwingbesen des Handrührgeräts verrühren.
4	**Eier**	Ein Ei nach dem andern darunterrühren, weiterrühren,
2 EL	**Zitronensaft**	bis die Masse heller ist. Zitronensaft darunterrühren.
170 g	**Mehl**	Mehl, Maizena und Backpulver mischen, daruntermi-
30 g	**Maizena**	schen. Teig in die vorbereitete Form füllen.
1 TL	**Backpulver**	
		Backen: ca. 35 Min. in der unteren Hälfte des Ofens. Herausnehmen, in der Form auf einem Gitter ausküh-len. Kuchen mit einem Kellenstiel mehrmals bis auf den Boden einstechen, sodass Löcher entstehen.
350 g	**Erdbeeren**	Erdbeeren mit dem Gelierzucker und dem Zitronen-
140 g	**Gelierzucker**	saft pürieren, in eine Pfanne giessen, unter Rühren
3 EL	**Zitronensaft**	ca. 4 Min. sprudelnd kochen. Erdbeermasse zuerst in die Löcher, dann über den Kuchen giessen, ca. 30 Min. fest werden lassen. Formenrand entfernen, Torte auf eine Platte schieben.
250 g	**Mascarpone**	Mascarpone, Vanillezucker und Milch verrühren, auf
1 Päckli	**Vanillezucker**	der Torte verteilen. Erdbeeren in Scheiben schneiden,
4 EL	**Milch**	Torte damit verzieren.
150 g	**Erdbeeren**	

Stück (1/12): 434 kcal, F 26 g, Kh 44 g, E 5 g

Lässt sich vorbereiten

Torte bis und mit Mascarpone-Masse ca. 1 Tag im Voraus zubereiten, zugedeckt kühl stellen. Kurz vor dem Servieren verzieren.

Sommer

Melonen, Beeren, Steinobst, Gurken, Peperoni, Tomaten ... der Sommer ist nicht nur bunt, sondern auch herrlich saftig. Alles steckt voller Aromen, speziell die sonnenverwöhnten Kräuter. Diese leichten Gerichte krönen die herrlich langen Abende draussen.

Focaccia mit Erbsli-Aufstrich

⏱ 20 Min. + 10 Min. backen 🥕 vegetarisch

1	**Zwiebel**	Ofen auf 240 Grad vorheizen.
2	**Zweiglein Pfefferminze**	Zwiebel schälen, fein hacken. Pfefferminzblätter abzupfen.
25 g	**Butter**	Butter in einer Pfanne warm werden lassen. Zwiebel andämpfen, Erbsli kurz mitdämpfen. Wasser dazugiessen, zugedeckt ca. 5 Min. weich köcheln. Erbsli mit der Flüssigkeit, der Crème fraîche und der Pfefferminze pürieren, würzen, auskühlen.
200 g	**tiefgekühlte Erbsli, aufgetaut**	
½ dl	**Wasser**	
100 g	**Crème fraîche**	
½ TL	**Salz**	
wenig	**Pfeffer**	
1	**ausgewallter Pizzateig** (ca. 28 cm Ø)	Teig entrollen, mit dem Backpapier auf ein Blech ziehen. Teig mit den Fingerkuppen mehrmals eindrücken, mit Öl bestreichen. Fleur de Sel darüberstreuen.
2 EL	**Olivenöl**	
¼ TL	**Fleur de Sel**	
		Backen: ca. 10 Min. in der Mitte des Ofens. Herausnehmen, auf einem Gitter etwas abkühlen, in Stücke schneiden, mit dem Erbsli-Aufstrich servieren.

Portion (¼): 477 kcal, F 26 g, Kh 47 g, E 10 g

Lässt sich vorbereiten

Erbsli-Aufstrich ca. 1 Tag im Voraus zubereiten, zugedeckt kühl stellen. Vor dem Servieren gut durchrühren.

Melonen-Rohschinken-Spiessli

⏱ 15 Min.

4	Scheiben Toastbrot	Brotscheiben mit dem Wallholz ca. 4 mm dünn
50 g	Frischkäse nature	auswallen, mit Frischkäse bestreichen. Rohschinken
60 g	Rohschinken in Tranchen	darauflegen, satt aufrollen.

½	Melone (z. B. Charentais)	Melone schälen, entkernen, in ca. 2 cm grosse Würfel schneiden. Brotrollen in je 5 Scheiben schneiden,
4	Zweiglein Basilikum	mit den Melonenwürfeln und den Basilikumblättern an Spiesschen stecken.

Lässt sich vorbereiten: Brotrollen ca. 1 Tag im Voraus zubereiten, am Stück in Folie eingepackt im Kühlschrank aufbewahren. Spiessli ca. 1 Std. vor dem Servieren fertig zubereiten.

Portion (¼): 157 kcal, F 7 g, Kh 15 g, E 8 g

Flott gerollt

Wenn Sie das Toastbrot mit dem Wallholz ca. 4 mm dünn auswallen, lässt es sich prima belegen und aufrollen.

Gurkenrondellen mit Hummus

⏱ 10 Min.   🌿 vegan   ✖ glutenfrei   🥛 laktosefrei

Ergibt ca. 20 Stück

1	**Gurke**	Gurke in ca. 20 Scheiben schneiden, Oliven in Scheiben schneiden.
30 g	**entsteinte schwarze Oliven**	

1 Päckli	**Hummus** (ca. 175 g)	Hummus auf den Gurkenscheiben verteilen, Sesam darüberstreuen. Korianderblätter abzupfen, mit den Oliven darauf verteilen.
1 TL	**weisser Sesam**	
1 TL	**schwarzer Sesam**	
2	**Zweiglein Koriander**	

Lässt sich vorbereiten: Gurkenrondellen ca. 2 Std. im Voraus zubereiten, zugedeckt kühl stellen.

Portion (¼): 151 kcal, F 10 g, Kh 8 g, E 5 g

Es gibt verschiedene Hummus-varianten, dadurch können Sie diesen Apéro nach Belieben variieren.

Tomaten-Nektarinen-Gazpacho

⏱ 25 Min. + 2 Std. kühl stellen   🥕 vegetarisch   🥛 laktosefrei

Ergibt ca. 8 dl

3	**Nektarinen**	Nektarinen entsteinen, in Schnitze schneiden. Basili-
1 Bund	**Basilikum**	kumblätter abzupfen. Je 3 Nektarinenschnitze und
4	**Holzspiesschen**	3 Basilikumblätter an ein Spiesschen stecken, Rest ins Mixglas geben.
450 g	**Tomaten**	Tomaten und Brot in Stücke schneiden, beigeben.
50 g	**Brot**	Peperoncino entkernen, in Stücke schneiden, Bouillon,
1	**roter Peperoncino**	Öl, Honig, Zimt, Salz und Pfeffer beigeben, pürieren.
2 dl	**Gemüsebouillon**	Suppe und Spiessli zugedeckt mind. 2 Std. kühl stellen.
1 EL	**Olivenöl**	
2 TL	**flüssiger Honig**	
2 Msp.	**Zimt**	
½ TL	**Salz**	
wenig	**Pfeffer**	

Portion (¼): 137 kcal, F 4 g, Kh 21 g, E 3 g

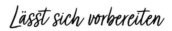

Suppe ca. 1 Tag im Voraus zubereiten, zugedeckt kühl stellen. Zutaten für die Spiessli ca. 2 Std. im Voraus an die Spiesschen stecken, zugedeckt kühl stellen.

Rote Peperonisuppe mit Käsetoast

⏱ 35 Min. + 15 Min. backen   🥕 vegetarisch

Ergibt ca. 1 Liter

500 g	rote Peperoni	Peperoni entkernen, in Streifen schneiden, Schalotte schälen, in feine Streifen schneiden. Öl in einer Pfanne warm werden lassen. Schalotte andämpfen, Peperoni und Paprika kurz mitdämpfen.
1	Schalotte	
1 EL	Olivenöl	
1 TL	Paprika (z. B. geräuchert)	
5 dl	Gemüsebouillon	Bouillon dazugiessen, aufkochen. Hitze reduzieren, zugedeckt bei mittlerer Hitze ca. 20 Min. weich köcheln.
2	Scheiben Toastbrot	Ofen auf 200 Grad vorheizen. Brotscheiben auf ein mit Backpapier belegtes Blech legen. Ei, Parmesan, Paprika und Salz gut verrühren, auf den Broten verteilen.
1	Ei	
60 g	geriebener Parmesan	
¼ TL	Paprika (z. B geräuchert)	
¼ TL	Salz	
	Salz, Pfeffer, nach Bedarf	**Backen:** ca. 15 Min. in der Mitte des Ofens. Herausnehmen, etwas abkühlen, in Stücke schneiden. Suppe pürieren, würzen, mit den Toasts anrichten. Oreganoblättchen abzupfen, darüberstreuen.
2	Zweiglein Oregano	

Portion (¼): 184 kcal, F 10 g, Kh 12 g, E 9 g

Die Suppe schmeckt auch kalt sehr lecker!

Zucchinisalat mit Zucchiniblüten

⏱ 20 Min.   🥕 vegetarisch   🌾 glutenfrei

8	Zucchiniblüten	Von den Zucchiniblüten allfälligen Stempel entfernen. Pinienkerne in einer Bratpfanne ohne Fett rösten. Herausnehmen, die Hälfte beiseite stellen, Rest in eine Schüssel geben. Von der Zitrone die Hälfte der Schale dazureiben. Ricotta, Salz und Pfeffer beigeben, mischen, in einen Einwegspritzsack geben. Eine Ecke abschneiden. Zucchiniblüten mit der Ricottamasse füllen.
40 g	Pinienkerne	
1	Bio-Zitrone	
150 g	Ricotta	
¼ TL	Salz	
wenig	Pfeffer	
2 EL	Zitronensaft	Zitronensaft, Öl, Honig, Salz und Pfeffer gut verrühren. Zucchini längs in ca. 2 mm dicke Scheiben hobeln, mit wenig Sauce mischen, auf Tellern anrichten, restliche Sauce darüberträufeln.
4 EL	Olivenöl	
½ EL	Akazienhonig	
½ TL	Salz	
wenig	Pfeffer	
550 g	Zucchini	
2	Zweiglein Zitronenmelisse oder Basilikum	Zitronenmelissenblätter abzupfen, mit den restlichen Pinienkernen darüberstreuen, mit den gefüllten Zucchiniblüten garnieren.

Portion (¼): 271 kcal, F 21 g, Kh 10 g, E 10 g

Lässt sich vorbereiten

Zucchini, Zucchiniblüten und Sauce ca. ½ Tag im Voraus vorbereiten, separat zugedeckt kühl stellen. Kurz vor dem Servieren anrichten.

Gebratener Cherry-Tomaten-Salat

⏱ 20 Min.   🥕 vegetarisch   🌾 glutenfrei

3 EL	Pinienkerne	Pinienkerne in einer beschichteten Bratpfanne ohne Fett rösten, herausnehmen. Öl in derselben Pfanne heiss werden lassen. Tomaten ca. 3 Min. rührbraten. Pfanne von der Platte nehmen, Aceto und Honig darüberträufeln, würzen, etwas abkühlen, anrichten. Mozzarella zerzupfen, Basilikumblätter abzupfen, beides mit den Pinienkernen auf dem Salat verteilen.
2 EL	Olivenöl	
600 g	Cherry-Tomaten	
1½ EL	Aceto balsamico	
½ EL	flüssiger Honig	
¾ TL	Fleur de Sel	
wenig	Pfeffer	
125 g	Mozzarella di Bufala	
½ Bund	Basilikum	

Lässt sich vorbereiten: Tomaten ca. 1 Std. im Voraus braten, auskühlen, zugedeckt beiseite stellen. Tomaten kurz vor dem Servieren warm werden lassen.

Portion (¼): 212 kcal, F 16 g, Kh 9 g, E 8 g

Servieren Sie den Klassiker zur Abwechslung mit warmen Tomaten, schmeckt herrlich!

Sommer – Vorspeise

Kräutersalat auf Wassermelone

⏱ 15 Min.   🌱 vegan   🥛 laktosefrei

2 EL	Kürbiskerne	Kürbiskerne in einer Bratpfanne ohne Fett rösten.
20 g	Salzstängeli	Salzstängeli grob zerbröckeln, beigeben, auskühlen.
1 EL	Limettensaft	Limettensaft, Öl, Cayennepfeffer und Salz in einer
3 EL	Olivenöl	Schüssel gut verrühren.
1 Msp.	Cayennepfeffer	
¼ TL	Salz	
½	Mini-Wassermelone (ca. 900 g)	Melone in Scheiben schneiden, auf eine Platte legen. Basilikumblätter abzupfen, Dill zerzupfen, beides
1 Bund	Basilikum	mit dem Rucola zur Sauce geben, mischen, auf den
1 Bund	Dill	Melonenscheiben anrichten. Kürbiskerne und Salz-
50 g	Rucola	stängeli darüberstreuen.

Portion (¼): 173 kcal, F 11 g, Kh 14 g, E 4 g

Lässt sich vorbereiten

Kürbiskerne ca. 1 Tag im Voraus rösten, mit den Salzstängeli in einer Dose aufbewahren. Melone und Sauce ca. 2 Std. im Voraus vorbereiten, zugedeckt kühl stellen. Kurz vor dem Servieren anrichten.

Marinierter Lachs mit Beerensauce

⏱ 45 Min. + 1 Tag marinieren   🌾 glutenfrei   🥛 laktosefrei

400 g	Lachsrückenfilet ohne Haut (Sushi-Qualität)	Allfällige Gräten vom Lachs mit einer Pinzette entfernen. Graue Fettschicht entfernen. Pfefferkörner im Mörser zerstossen, mit Rohzucker und Salz mischen, Lachs damit würzen, in eine Form legen. Dill fein schneiden, darüberstreuen, Zitrone in Scheiben schneiden, darauflegen. Lachs mit Klarsichtfolie satt zudecken, ein Brett darauflegen, dieses beschweren (z. B. mit Konservendosen), ca. 1 Tag im Kühlschrank marinieren.
½ EL	schwarze Pfefferkörner	
2 EL	Rohzucker	
1½ EL	Salz	
1 Bund	Dill	
1	Bio-Zitrone	

1	Schalotte	Schalotte schälen, fein hacken. Öl in einer Pfanne warm werden lassen. Schalotte ca. 3 Min. andämpfen. Himbeeren, Johannisbeeren, Senf, Honig und Vanille beigeben, ca. 3 Min. köcheln, würzen, auskühlen.
1 EL	Olivenöl	
125 g	Himbeeren	
125 g	Johannisbeeren	
½ EL	grobkörniger Senf	
1 TL	Honig	
1 Msp.	gemahlene Vanillestängel	
¼ TL	Salz	
wenig	Pfeffer	

1 EL	Aceto balsamico	Aceto und Öl verrühren, würzen, Salat mit der Sauce mischen, auf Teller verteilen. Lachs in Tranchen schneiden, mit der Beerensauce daneben anrichten.
2 EL	Olivenöl	
	Salz, Pfeffer, nach Bedarf	
100 g	Jungsalat	

Portion (¼): 351 kcal, F 23 g, Kh 13 g, E 21 g

Lässt sich vorbereiten

Beerensauce ca. 1 Tag im Voraus zubereiten, zugedeckt kühl stellen. Lachs und Sauce ca. 30 Min. vor dem Servieren aus dem Kühlschrank nehmen.

Fruchtiger Tomatensalat

⏱ 20 Min.   🥕 vegetarisch   🌾 glutenfrei

500 g	Tomaten	Tomaten je nach Grösse halbieren oder in Scheiben
2	Nektarinen	schneiden. Nektarinen in Schnitze schneiden, beides
2 EL	Weissweinessig	auf einer Platte anrichten. Essig, Öl, Birnel, Zimt,
5 EL	Olivenöl	Fleur de Sel und Pfeffer verrühren, über den Salat
½ EL	**Birnendicksaft** (Birnel) oder flüssiger Honig	träufeln.
1 Prise	Zimt	
¾ TL	Fleur de Sel	
wenig	Pfeffer	

40 g	Pekannüsse	Nüsse in einer Bratpfanne ohne Fett rösten. Pfeffer-
3	Zweiglein Pfefferminze	minze grob schneiden, Mozzarella in Stücke zupfen,
150 g	Mozzarella	alles auf dem Salat verteilen.

Portion (¼): 356 kcal, F 29 g, Kh 13 g, E 10 g

Der Clou: unterschiedliche Mozzarella-Sorten.

Kreativ kombinieren

Variieren Sie die Tajine nach Lust und Laune mit verschiedenen Gemüsesorten.

Rezept →

Sommer-Tajine

⏱ 15 Min. + 2¼ Std. schmoren   schlank   glutenfrei   laktosefrei

Für eine Tajine oder einen Brattopf

		Tajine oder Brattopf ohne Deckel in die untere Hälfte des kalten Ofens schieben. Ofen auf 180 Grad vorheizen.
400 g	**Stangensellerie**	Stangensellerie schräg in ca. 3 cm lange Stücke schneiden, in eine Schüssel geben. Zwiebeln schälen, mit den Tomaten in Schnitze schneiden, Aprikosen halbieren. Knoblauch schälen, in Scheiben schneiden. Alles mit dem Fleisch, den Sultaninen, Raz el Hanout, Öl und Salz beigeben, mischen, in die heisse Tajine geben, Deckel aufsetzen.
2	**Zwiebeln**	
2	**Tomaten**	
250 g	**Aprikosen**	
1	**Knoblauchzehe**	
800 g	**Rindsvoressen** (Schulter, ca. 3 cm grosse Würfeln)	
2 EL	**Sultaninen**	
2 EL	**Raz el Hanout** oder 1 EL milder Curry	
2 EL	**Olivenöl**	
2 TL	**Salz**	
		Schmoren: zugedeckt ca. 2¼ Std., dabei 2-mal sorgfältig mischen.
50 g	**Mandeln**	Mandeln grob hacken, in einer Bratpfanne ohne Fett rösten. Koriander zerzupfen, beides über die Tajine streuen.
1 Bund	**Koriander** oder Petersilie	

Dazu passt: Fladenbrot.

Portion (¼): 406 kcal, F 15 g, Kh 16 g, E 48 g

Gelingt auch so!

Wenn Sie keine Tajine haben, verwenden Sie einen Brattopf mit Deckel, Ihre Tajine gelingt auch so problemlos.

Poulet-Crevetten-Topf

 45 Min.

Für einen Brattopf

80 g	**Chorizo in Tranchen**	12 Tranchen Chorizo im Brattopf ohne Fett langsam knusprig braten. Herausnehmen, abtropfen, restliche Chorizo in Streifen schneiden.
3 1 1	**Bundzwiebeln mit dem Grün** **gelbe Peperoni** **rote Peperoni**	Bundzwiebeln in Ringe schneiden, wenig Grün für die Garnitur beiseite stellen. Peperoni entkernen, in ca. 3 cm grosse Stücke schneiden.
 200 g ¼ TL	Öl zum Braten **rohe, bis aufs Schwanzende geschälte Crevettenschwänze** (Bio) **Salz**	Wenig Öl im Brattopf heiss werden lassen. Crevetten beidseitig je ca. 1 Min. braten, herausnehmen, salzen. Bratfett auftupfen, wenig Öl beigeben.
400 g ¼ TL ½ TL	**Pouletschenkel-Steaks ohne Haut** **Cayennepfeffer** **Salz**	Poulet würzen, beidseitig je ca. 1½ Min. anbraten, herausnehmen. Bratfett auftupfen, wenig Öl beigeben.
280 g 350 g 8 dl	**Risottoreis** **Tomaten** **Hühnerbouillon**	Bundzwiebeln und Peperoni ca. 3 Min. andämpfen. Reis beigeben, kurz dünsten. Tomaten vierteln, mit den Chorizostreifen und der Bouillon beigeben, aufkochen. Hitze reduzieren, Poulet wieder beigeben, zugedeckt unter gelegentlichem Rühren ca. 20 Min. köcheln.
	Salz, nach Bedarf	Crevetten wieder beigeben, nur noch heiss werden lassen, salzen, mit Chorizo-Chips und Zwiebelgrün garnieren.

Portion (¼): 572 kcal, F 16 g, Kh 65 g, E 41 g

TIPP

Lässt sich vorbereiten

Für den Poulet-Topf alle Zutaten ca. 1 Std. im Voraus vorbereiten. Crevetten anbraten, auskühlen, zugedeckt kühl stellen. Poulet beidseitig je ca. 6 Min. anbraten, zugedeckt beiseite stellen. Reis mit allen Zutaten bis und mit Tomaten zubereiten. Bouillon dazugiessen, aufkochen, Reis ca. 3 Min. sprudelnd kochen, Deckel aufsetzen, Pfanne von der Platte nehmen, bis zum Servieren mind. 20 Min. ziehen lassen. Deckel dabei nie abheben! Kurz vor dem Servieren Crevetten und Poulet wieder beigeben, nur noch heiss werden lassen.

Spitz-Peperoni mit Venere-Reis

⏱ 45 Min. + 27 Min. backen   🍽 schlank   🥕 vegetarisch

250 g schwarzer Vollkornreis (Riso Venere) **Wasser,** siedend **20 g Butter** **¾ TL Salz**	Reis im siedenden Wasser ca. 35 Min. weich kochen, abtropfen, zurück in die Pfanne geben. Butter und Salz daruntermischen.
4 Scheiben Toastbrot **2 EL Olivenöl** **2 Prisen Salz** **1 Knoblauchzehe**	Ofen auf 220 Grad vorheizen. Brot in Stücke zupfen, mit Öl und Salz in eine Schüssel geben. Knoblauch dazupressen, mischen, auf einem mit Backpapier belegten Blech verteilen.
	Backen: ca. 7 Min. in der Mitte des Ofens. Herausnehmen, auskühlen.
4 rote Spitz-Peperoni (ca. 550 g) **3 Schalotten** **3 Zweiglein Thymian** **2 EL Olivenöl** **½ TL Salz** **wenig Pfeffer**	Peperoni längs halbieren, entkernen. Schalotten schälen, in Schnitze schneiden, mit dem Thymian auf einem mit Backpapier belegten Blech verteilen. Öl darüberträufeln, Peperoni würzen.
150 g Ziegenfrischkäse oder Feta	**Backen:** ca. 10 Min. in der Mitte des Ofens. Herausnehmen, die Flüssigkeit, die sich in den Peperoni gebildet hat, weggiessen. Peperoni mit dem Reis füllen. Käse in Stücke schneiden, darauf verteilen. **Fertig backen:** ca. 10 Min. in der oberen Hälfte des Ofens. Herausnehmen, Croûtons darüberstreuen.

Portion (¼): 485 kcal, F 19 g, Kh 65 g, E 11 g

Lässt sich vorbereiten

Gefüllte Peperoni ca. 1 Tag im Voraus vorbereiten, zugedeckt kühl stellen.

Blumenkohl-Spaghetti mit Rahmsauce

⏱ 20 Min. + 30 Min. backen   🥕 vegetarisch

900 g	Blumenkohl	Ofen auf 200 Grad vorheizen.
1	Knoblauchzehe	Blumenkohl in kleine Röschen schneiden, in eine Schüs-
3 EL	Pinienkerne	sel geben. Knoblauch dazupressen, Pinienkerne,
2 EL	Olivenöl	Öl, Salz und Pfeffer beigeben, mischen, auf einem mit
¾ TL	Salz	Backpapier belegten Blech verteilen.
wenig	Pfeffer	
		Backen: ca. 30 Min. in der Mitte des Ofens.
400 g	Spaghetti	Spaghetti im siedenden Salzwasser al dente kochen.
	Salzwasser, siedend	Ca. 1½ dl Kochwasser beiseite stellen, Spaghetti abtropfen.
2 TL	Maizena	Maizena mit Rahm und Eiern in derselben Pfanne gut
2½ dl	Vollrahm	verrühren. Beiseite gestelltes Kochwasser darunter-
2	frische Eier	rühren, unter Rühren aufkochen. Spaghetti beigeben,
1	Bio-Zitrone	nur noch heiss werden lassen. Von der Zitrone die
	Salz, Pfeffer,	Hälfte der Schale dazureiben, würzen, mit dem Blumen-
	nach Bedarf	kohl anrichten.
4 EL	geriebener Parmesan	Käse und Micro Greens darüberstreuen.
30 g	Micro Greens (Gemüsekeimlinge)	

Portion (¼): 780 kcal, F 37 g, Kh 82 g, E 27 g

Lässt sich vorbereiten

Blumenkohl ca. 2 Std. im Voraus backen, Spaghetti knapp al dente kochen, sofort unter fliessendem kaltem Wasser abspülen. Vor dem Servieren Sauce zubereiten, Spaghetti und Blumenkohl langsam darin heiss werden lassen.

Gemüsecurry mit Kokosfisch

⏱ 40 Min. + 2 Std. marinieren + 5 Min. backen   laktosefrei

4	Heilbuttfilets (je ca. 180 g)	Fischfilets mit einer Pinzette von allfälligen Gräten befreien, schräg in je drei Stücke schneiden, in einen tiefen Teller legen. Limette heiss abspülen, trocken tupfen, Schale dazureiben, Öl beigeben, mischen, zugedeckt im Kühlschrank ca. 2 Std. marinieren.
1	Limette	
2 EL	geröstetes Sesamöl	
400 g	Broccoli	Ofen auf 240 Grad vorheizen. Broccoli in Röschen schneiden, Peperoni entkernen, in ca. 2½ cm grosse Stücke schneiden. Zwiebel schälen, grob hacken. Chili längs halbieren, entkernen, Zitronengras quetschen.
1	gelbe Peperoni	
1	Zwiebel	
1	roter Chili	
2	Stängel Zitronengras	
1 EL	geröstetes Sesamöl	Öl in einer Pfanne warm werden lassen. Zwiebel, Chili und Zitronengras andämpfen. Knoblauch dazupressen. Broccoli und Peperoni kurz mitdämpfen. Currypaste beigeben, kurz weiterdämpfen. Kokosmilch und Bouillonpulver beigeben, aufkochen, zugedeckt unter gelegentlichem Rühren ca. 8 Min. köcheln. Zitronengras entfernen, offen ca. 2 Min. einköcheln. Limettensaft darunterrühren.
1	Knoblauchzehe	
2 EL	gelbe Currypaste	
5 dl	Kokosmilch	
2 TL	Gemüsebouillonpulver	
2 TL	Limettensaft	
70 g	Kokosnuss-Stücke	Fischstücke auf ein mit Backpapier belegtes Blech legen. Kokosstücke etwas feiner schneiden, auf dem Fisch verteilen.
½ Bund	Koriander oder Petersilie	**Backen:** ca. 5 Min. in der oberen Hälfte des Ofens. Herausnehmen, mit dem Curry anrichten. Korianderblätter abzupfen, darüberstreuen.

Dazu passt: Basmatireis.

Portion (¼): 664 kcal, F 45 g, Kh 20 g, E 44 g

Lässt sich vorbereiten

Gemüsecurry ca. 1 Tag im Voraus zubereiten, zugedeckt kühl stellen.

Hackbraten mit Sommergemüse

⏱ 40 Min. + 50 Min. backen

1	rote Zwiebel	Ofen auf 180 Grad vorheizen.
500 g	Fenchel	Zwiebel schälen, mit dem Fenchel in ca. 1 cm dicke
1	Zucchini	Schnitze schneiden, in eine Schüssel geben. Zucchini
1 EL	Olivenöl	schräg in ca. 1½ cm dicke Scheiben schneiden, bei-
12	Kapernäpfel	geben. Öl, Kapernäpfel, Salz und Pfeffer beigeben,
¾ TL	Salz	mischen, auf einer Hälfte eines mit Backpapier
wenig	Pfeffer	belegten Blechs verteilen.
50 g	Brot	Brot fein hacken, mit der Milch in einer Schüssel
½ dl	Milch	mischen. Basilikum fein schneiden, beigeben. Zwiebel
1 Bund	Basilikum	und Knoblauch schälen, fein hacken. Öl in einer be-
1	Zwiebel	schichteten Bratpfanne warm werden lassen. Zwiebel
1	Knoblauchzehe	und Knoblauch ca. 3 Min. andämpfen, unter das Brot
1 EL	Olivenöl	mischen.
800 g	Hackfleisch	Hackfleisch, Senf, Tomatenpüree, Cayennepfeffer und
	(Rind und Schwein)	Salz beigeben, von Hand gut kneten, bis sich die Zu-
1 EL	grobkörniger Senf	taten zu einer kompakten Masse verbinden. Masse zu
1 EL	Tomatenpüree	einem ca. 20 cm langen Braten formen.
¼ TL	Cayennepfeffer	
1 TL	Salz	
2 EL	Bratbutter	Bratbutter in derselben Bratpfanne heiss werden lassen. Braten rundum ca. 5 Min. anbraten, neben dem Fenchel aufs Blech legen.
		Backen: ca. 50 Min. in der Mitte des Ofens.
2½ TL	Maizena	Maizena mit der Bouillon in einer Pfanne anrühren,
3 dl	Fleischbouillon, kalt	Aceto und Honig darunterrühren, unter Rühren auf-
2 EL	Aceto balsamico bianco	kochen, Hitze reduzieren, ca. 2 Min. köcheln. Pfanne von der Platte nehmen, Butter darunterrühren. Hack-
½ EL	flüssiger Honig	braten tranchieren, mit dem Gemüse und der Sauce
25 g	Butter	anrichten.

Lässt sich vorbereiten: Sauce ca. 1 Tag im Voraus zubereiten, auskühlen, zugedeckt kühl stellen. Vor dem Servieren langsam erwärmen.

Portion (¼): 651 kcal, F 42 g, Kh 22 g, E 43 g

Passender Begleiter

Servieren Sie dazu einen sämigen Risotto.

Überbackene Auberginen

⏱ 10 Min. + 35 Min. backen   🥕 vegetarisch   🏋 schlank   🌾 glutenfrei

800 g	Auberginen	Ofen auf 220 Grad vorheizen.
3 EL	Olivenöl	Auberginen längs in ca. 1 cm dicke Scheiben schneiden,
¾ TL	Salz	mit Öl bestreichen, salzen, auf einem mit Backpapier belegten Blech verteilen.
200 g	Taleggio	**Backen:** ca. 25 Min. in der Mitte des Ofens. Taleggio in
2	Pfirsiche	Stücke, Pfirsiche in Schnitze schneiden, beides mit
50 g	Cashew-Nüsse	den Cashew-Nüssen auf den Auberginen verteilen.
250 g	Cherry-Tomaten	Tomaten drauflegen.
3	Zweiglein Zitronenmelisse	**Fertig backen:** ca. 10 Min. Herausnehmen. Zitronenmelissenblätter abzupfen, darüberstreuen.

Dazu passt: Trockenreis oder Baguette.

Portion (¼): 396 kcal, F 28 g, Kh 19 g, E 15 g

Arrangieren Sie für Tellerservice die Zutaten vor dem Fertigbacken auf dem Blech zu 4 schönen Portionen.

Knusprige Pouletschenkel mit Ofenmais

⏱ 30 Min. + 35 Min. backen   🥛 laktosefrei

4 EL	Mehl	Ofen auf 200 Grad (Heissluft) vorheizen.
2	Eier	Mehl auf einen flachen Teller geben. Eier in einem
160 g	Cornflakes	tiefen Teller verklopfen. Cornflakes grob zerstossen,
8	Pouletschenkel	in einen tiefen Teller geben. Poulet würzen, im Mehl
	(ca. 1,4 kg), Haut vom	wenden, überschüssiges Mehl abschütteln, im Ei, dann
	Metzger entfernt	in den Cornflakes wenden. Panade gut andrücken,
1 TL	scharfer Paprika	auf ein mit Backpapier belegtes Blech legen. Öl darüber-
1½ TL	Salz	träufeln.
2 EL	Olivenöl	

4	Maiskolben	Maiskolben mit einem Brotmesser in ca. 2 cm dicke
600 g	gelbe Peperoni	Scheiben schneiden. Peperoni entkernen, in Streifen
2	rote Peperoncini	schneiden, Peperoncini längs halbieren, entkernen.
1 EL	Olivenöl	Alles mit Öl, Salz und Pfeffer in einer Schüssel mischen,
1 TL	Salz	auf einem mit Backpapier belegten Blech verteilen.
wenig	Pfeffer	Gemüse in die untere, Poulet in die obere Hälfte des vorgeheizten Ofens schieben.

Backen: ca. 35 Min. Herausnehmen.

3 EL	Aceto balsamico bianco	Aceto und Öl verrühren, Sauce würzen.
4 EL	Olivenöl	
	Salz, Pfeffer, nach Bedarf	

1	Zwiebel	Zwiebel schälen, fein hacken, Schnittlauch fein
1 Bund	Schnittlauch	schneiden, beides zur Sauce geben. Mais und Peperoni mit der Sauce mischen, mit dem Poulet anrichten.

Portion (¼): 937 kcal, F 42 g, Kh 69 g, E 69 g

Poulet ca. 2 Std. vor dem Backen panieren,
Gemüse schneiden, beides zugedeckt kühl stellen.

Cannelloni mit Eierschwämmli

⏱ 35 Min. + 25 Min. backen   🍽 schlank   🌱 vegetarisch

Für 4 ofenfeste Förmchen von je ca. 5 dl oder eine ofenfeste Form von ca. 3 Litern, gefettet

350 g	Eierschwämme	Ofen auf 200 Grad vorheizen. Eierschwämme je nach Grösse halbieren oder vierteln, Schalotte schälen, fein hacken. Öl in einer beschichteten Bratpfanne heiss werden lassen. Eierschwämme mit dem Salz ca. 5 Min. braten. Öl und Schalotte beigeben, Knoblauch dazupressen, kurz weiterbraten. ¼ der Eierschwämme zugedeckt beiseite stellen. Spinat nach und nach zu den restlichen Pilzen geben, zusammenfallen lassen, ca. 3 Min. dämpfen, auskühlen.
1	Schalotte	
1 EL	Olivenöl	
¼ TL	Salz	
1 EL	Olivenöl	
1	Knoblauchzehe	
300 g	Jungspinat	

1	Bio-Zitrone	Von der Zitrone Schale in eine Schüssel reiben und 1 TL Saft dazupressen. Ricotta und Maizena beigeben, würzen, mischen. Spinatmasse daruntermischen.
250 g	Ricotta	
½ TL	Maizena	
½ TL	Salz	
wenig	Pfeffer	

2	Rollen Pastateig	Pastateige entrollen, quer in je 6 gleich grosse Stücke schneiden. Spinatmasse auf die Teigstücke verteilen, aufrollen, mit der Verschlussseite nach unten in die vorbereiteten Formen legen. Saucen-Halbrahm mit einem Löffelrücken auf den Cannelloni verteilen, Käse darüberstreuen.
2 dl	Saucen-Halbrahm	
80 g	geriebener Parmesan	

2	Zweiglein Thymian	**Backen:** ca. 15 Min. in der Mitte des Ofens. Beiseite gestellte Eierschwämme darüberstreuen. **Fertig backen:** ca. 10 Min. Herausnehmen, ca. 10 Min. ruhen lassen. Thymianblättchen abzupfen, darüberstreuen.

Portion (¼): 552 kcal, F 31 g, Kh 41 g, E 25 g

Lässt sich vorbereiten

Cannelloni ca. 1 Tag im Voraus vorbereiten, mit den Eierschwämmli (Garnitur) separat zugedeckt kühl stellen. Die Backzeit verlängert sich um ca. 5 Minuten.

Entrecôte mit Caponata

⏱ 45 Min. + 40 Min. niedergaren   schlank   glutenfrei   laktosefrei

4	**Entrecôtes** (je ca. 180 g)	Fleisch ca. 30 Min. vor dem Anbraten aus dem Kühlschrank nehmen. Ofen auf 80 Grad vorheizen, Platte und Teller vorwärmen. Entrecôtes würzen. Wenig Öl in einer Bratpfanne heiss werden lassen. Entrecôtes portionenweise beidseitig je ca. 1 Min. anbraten, auf die vorgewärmte Platte legen. Fleischthermometer an der dicksten Stelle in ein Entrecôte stecken.
½ TL	**Salz**	
wenig	**Pfeffer**	
	Öl zum Anbraten	
		Niedergaren: ca. 40 Min. in der Mitte des Ofens. Die Kerntemperatur des Fleisches soll ca. 55 Grad betragen.
1	**Zwiebel**	Zwiebel schälen, fein hacken. Aubergine, Tomaten, Stangensellerie und Peperoni in Würfeli schneiden.
1	**Aubergine** (ca. 300 g)	
4	**Tomaten**	
200 g	**Stangensellerie**	
1	**rote Peperoni**	
2 EL	**Olivenöl**	Öl in einer Pfanne warm werden lassen. Zwiebel andämpfen, Aubergine, Tomaten, Stangensellerie und Peperoni beigeben, salzen, zugedeckt ca. 8 Min. dämpfen. Oliven in Ringe schneiden, von den Kapernäpfeln Stiele entfernen, halbieren. Beides mit Zucker, Essig und Sultaninen beigeben, zugedeckt ca. 10 Min. weiterdämpfen, würzen. Caponata mit den Entrecôtes anrichten, Oreganoblättchen abzupfen, darüberstreuen.
1¼ TL	**Salz**	
80 g	**entsteinte grüne Oliven**	
40 g	**Kapernäpfel**	
1 EL	**Zucker**	
½ EL	**Weissweinessig**	
30 g	**Sultaninen**	
wenig	**Pfeffer**	
2	**Zweiglein Oregano**	

Dazu passen: Pommes frites, Gnocchi oder Risotto.

Portion (¼): 458 kcal, F 21 g, Kh 20 g, E 44 g

Lässt sich vorbereiten

Caponata ca. 1 Tag im Voraus zubereiten, auskühlen, zugedeckt kühl stellen. Entrecôtes ca. 2 Std. im Voraus anbraten und zugedeckt beiseite stellen.

Sommer – Hauptgericht

Poulet Caprese

⏱ 30 Min. + 20 Min. backen

Für eine weite ofenfeste Form von ca. 2 Litern, gefettet

2	Bundzwiebeln mit dem Grün	Ofen auf 200 Grad (Heissluft) vorheizen. Bundzwiebelgrün in Ringe schneiden, wenig für die Garnitur beiseite stellen. Zwiebeln fein hacken, Cherry-Tomaten halbieren. Getrocknete Tomaten abtropfen, in feine Streifen schneiden.
500 g	Cherry-Tomaten	
10	getrocknete Tomaten in Öl	
1 EL	Olivenöl	Öl in einer Pfanne warm werden lassen. Zwiebeln andämpfen. Tomaten und Zucker beigeben, ca. 3 Min. mitdämpfen, würzen, in die vorbereitete Form geben.
½ TL	Zucker	
½ TL	Salz	
wenig	Pfeffer	
1 EL	Olivenöl	Öl in einer Bratpfanne heiss werden lassen. Poulet würzen, beidseitig je ca. 2 Min. anbraten, auf die Tomaten legen. Basilikumblätter abzupfen, auf das Poulet legen. Mozzarella in Scheiben schneiden, darauf verteilen.
4	Pouletbrüstli (je ca. 150 g)	
½ TL	Salz	
wenig	Pfeffer	
2	Zweiglein Basilikum	
250 g	Mozzarella di Bufala	
250 g	Brot (z. B. Ciabatta)	**Backen:** ca. 5 Min. in der unteren Hälfte des Ofens. Brot in ca. 2 cm dicke Scheiben schneiden, mit Öl bestreichen. Knoblauchzehe halbieren, Brotscheiben damit einreiben. Brotscheiben auf ein Backblech legen, in die obere Hälfte des Ofens schieben. **Fertig backen:** ca. 15 Min. Herausnehmen.
2 EL	Olivenöl	
1	Knoblauchzehe	
2	Zweiglein Basilikum	Basilikumblätter abzupfen, mit dem beiseite gestellten Zwiebelgrün darüberstreuen.

Portion (¼): 623 kcal, F 29 g, Kh 40 g, E 50 g

Lässt sich vorbereiten

Tomatengemüse und Poulet bis und mit Mozzarella ca. ½ Tag im Voraus vorbereiten, auskühlen, zugedeckt kühl stellen. Die Backzeit verlängert sich um ca. 5 Minuten.

Gemüsequiche

⏱ 40 Min. + 30 Min. kühl stellen + 1 Std. backen 🥕 vegetarisch

Für eine Springform von ca. 24 cm Ø, Boden mit Backpapier belegt, Rand gefettet und bemehlt

1	**ausgewallter Blätterteig** (25 × 42 cm)	Teig entrollen, mithilfe der Formoberseite möglichst nahe am Teigrand einen Kreis eindrücken, mit einem scharfen Messer ausschneiden, auf den Formenboden legen. Restlichen Teig gerade schneiden, in 3 gleich breite Streifen (ca. 6 cm) schneiden. Teigstreifen als Rand in die Form legen, gut andrücken, überlappenden Teig abschneiden. Teigboden mit einer Gabel dicht einstechen, ca. 30 Min. kühl stellen.
1 EL	**Olivenöl**	Ofen auf 220 Grad vorheizen.
1	**Knoblauchzehe**	Öl in einer Pfanne warm werden lassen. Knoblauch
250 g	**Kefen**	dazupressen, kurz andämpfen. Kefen, Wasser und
½ EL	**Wasser**	Salz beigeben, ca. 5 Min. weiterdämpfen, auskühlen.
¼ TL	**Salz**	
2	**Scheiben Toastbrot**	Brot fein hacken. Rosmarin, Salbei und Thymian
je 1	**Zweiglein Rosmarin, Salbei** und **Thymian**	fein schneiden, alles mit dem Käse mischen, auf dem Teigboden verteilen.
120 g	**geriebener Gruyère**	
250 g	**Rüebli**	Rüebli schälen. Von den Rüebli mit dem Sparschäler
350 g	**Zucchini**	dünne Streifen abschälen, in eine Schüssel geben, mit
2 TL	**Olivenöl**	1 TL Öl und ¼ TL Salz mischen, mithilfe einer Fleischgabel rosettenförmig aufwickeln, auf die Brotmasse
½ TL	**Salz**	setzen. Mit den Zucchini gleich verfahren, Kefen daneben verteilen.
4	**frische Eier**	Eier verklopfen, Rahm, Milch, Salz und Pfeffer
2 dl	**Rahm**	darunterrühren, über das Gemüse giessen.
1 dl	**Milch**	
½ TL	**Salz**	
wenig	**Pfeffer**	
		Backen: ca. 20 Min. auf der untersten Rille des Ofens. Quiche locker mit Alufolie zudecken. **Fertig backen:** ca. 40 Min. Herausnehmen, ca. 10 Min. ruhen lassen, heiss geniessen.

Lässt sich vorbereiten: Quiche bis und mit Kefen ca. ½ Tag im Voraus vorbereiten, zugedeckt kühl stellen. Kurz vor dem Backen Guss darübergiessen.

Portion (¼): 836 kcal, F 59 g, Kh 46 g, E 26 g

Roastbeef mit Bohnensalat

⏱ 35 Min. + 2 Std. niedergaren   schlank   glutenfrei   laktosefrei

800 g	Entrecôte am Stück	Fleisch ca. 1 Std. vor dem Anbraten aus dem Kühlschrank nehmen. Ofen auf 80 Grad vorheizen, Platte und Teller vorwärmen.
5 1 TL wenig 1 EL	Wacholderbeeren Salz Pfeffer Bratbutter	Wacholderbeeren im Mörser zerstossen, mit Salz und Pfeffer mischen. Bratbutter in einer unbeschichteten Bratpfanne heiss werden lassen. Fleisch mit dem Gewürzsalz würzen, rundum ca. 5 Min. anbraten, erst wenden, wenn sich eine Kruste gebildet hat. Herausnehmen, Fleischthermometer an der dicksten Stelle einstecken, Fleisch auf die vorgewärmte Platte legen.
		Niedergaren: ca. 2 Std. Die Kerntemperatur des Fleisches soll ca. 55 Grad betragen. Das Fleisch kann anschliessend bei 60 Grad bis zu ca. 1 Std. warm gehalten werden.
4 EL 6 EL 1 250 g	Aceto balsamico Olivenöl Zwiebel Salz, Pfeffer, nach Bedarf Brombeeren	Aceto und Öl in einer Schüssel verrühren. Zwiebel schälen, fein hacken, darunterrühren, würzen. Die Hälfte der Sauce mit der Hälfte der Brombeeren mischen, dabei Beeren mit einer Gabel zerdrücken.
600 g	grüne Bohnen Salzwasser, siedend	Bohnen rüsten, ca. 8 Min. im siedenden Salzwasser knapp weich kochen. Bohnen abtropfen, etwas abkühlen, mit den restlichen Brombeeren und der restlichen Sauce mischen. Fleisch quer zur Faser tranchieren, mit dem Bohnensalat anrichten. Brombeersauce dazu servieren.

Dazu passen: Risotto (S. 52) oder Pommes frites.
Lässt sich vorbereiten: Brombeer-Vinaigrette und Bohnensalat ca. ½ Tag im Voraus zubereiten, zugedeckt kühl stellen.

Portion (¼): 542 kcal, F 31 g, Kh 13 g, E 49 g

Rösti-Tätschli

⏱ 35 Min.   🥕 vegetarisch   🌾 glutenfrei   🥛 laktosefrei

1 kg	fest kochende Kartoffeln	Ofen auf 60 Grad vorheizen, Platte vorwärmen. Kartoffeln schälen, an der Röstiraffel in eine Schüssel reiben. Ei verklopfen, mit Salz und Pfeffer beigeben, mischen.
1	Ei	
1¼ TL	Salz	
wenig	Pfeffer	
	Bratbutter zum Braten	Wenig Bratbutter in einer beschichteten Bratpfanne heiss werden lassen. Hitze reduzieren, Röstimasse in 12 Portionen teilen, flach drücken, portionenweise beidseitig je ca. 5 Min. braten. Herausnehmen, Tätschli warm stellen.

Portion (¼): 200 kcal, F 5 g, Kh 31 g, E 6 g

Lässt sich vorbereiten

Tätschli ca. 2 Std. im Voraus beidseitig je nur 3 Min. anbraten, auf ein mit Backpapier belegtes Blech legen. Ofen auf 200 Grad vorheizen und Tätschli kurz vor dem Servieren in der Mitte des Ofens ca. 10 Min. fertig backen.

Varianten
Bitte blättern

Aromatisch

1 Bund Kräuter, fein geschnitten, macht die Tätschli aromatisch.

Sommerlich

Schneiden Sie 100 g Zucchini mit dem Sparschäler in Streifen, mit den Kartoffeln mischen.

Rassig

Schneiden Sie 1 Bundzwiebel in feine Ringe, mit den Kartoffeln mischen.

Fröhlich

Schneiden Sie 100 g Rüebli mit dem Sparschäler in Streifen, mit den Kartoffeln mischen.

Chüschtig!

Mischen Sie 80 g Speckwürfeli unter die Kartoffeln.

Verwandlungskünstlerin

Diese wunderbar luftige Quarktorte können Sie nach Lust und Laune auch mit anderen Beeren zubereiten, die Limette können Sie durch eine Zitrone ersetzen.

Rezept →

Limetten-Himbeer-Quarktorte

⏱ 40 Min. + 20 Min. backen + 4 Std. kühl stellen

Für eine Springform von ca. 24 cm Ø, Boden mit Backpapier belegt

60 g	Zucker	Ofen auf 180 Grad vorheizen.
1	Ei	Zucker, Ei, Eigelbe, Wasser und Salz mit den Schwing-
2	frische Eigelbe	besen des Handrührgeräts ca. 5 Min. rühren, bis die
1 EL	Wasser	Masse schaumig ist. Mehl dazusieben, mit dem Gummi-
1 Prise	Salz	schaber sorgfältig darunterziehen, in die vorberei-
60 g	Mehl	tete Form füllen.

Backen: ca. 20 Min. in der unteren Hälfte des Ofens. Herausnehmen, etwas abkühlen, Tortenring entfernen. Biskuit auf ein Gitter stürzen, Backpapier entfernen, auskühlen. Tortenring auf eine Platte stellen, Biskuit hineinlegen.

3	Limetten	Limetten heiss abspülen, trocken tupfen, Schale ab-
250 g	Himbeeren	reiben, Saft auspressen, beides in eine Schüssel geben,
2 EL	Puderzucker	mischen. 1 EL davon in eine kleine Schüssel geben, Himbeeren und Puderzucker beigeben, Himbeeren mit einer Gabel gut zerdrücken. Himbeermasse auf dem Biskuitboden verteilen.

6 Blatt	Gelatine	Gelatine ca. 5 Min. in kaltem Wasser einlegen. Quark,
500 g	Magerquark	Rahm, Puder- und Vanillezucker mit dem restlichen
½ dl	Vollrahm	Limettensaft verrühren. Gelatine abtropfen, im heis-
100 g	Puderzucker	sen Wasser auflösen, mit 3 EL Quarkmasse verrüh-
1 Päckli	Vanillezucker	ren, sofort unter die restliche Masse rühren. Rahm steif
3 EL	Wasser, siedend	schlagen, auf die Quarkmasse geben. Eiweisse mit
2 dl	Vollrahm	dem Salz steif schlagen, Puderzucker darunterrühren,
2	frische Eiweisse	kurz weiterschlagen, auf die Quarkmasse geben,
1 Prise	Salz	sorgfältig unter die Quarkmasse ziehen, auf der Him-
1 EL	Puderzucker	beermasse verteilen. Quarktorte zugedeckt im Kühlschrank mind. 4 Std. fest werden lassen.

1	Limette	Tortenring sorgfältig lösen und entfernen. Limette
100 g	Himbeeren	heiss abspülen, trocken tupfen, in Scheiben schnei-
wenig	Zitronenmelisse	den, mit den Himbeeren und der Zitronenmelisse auf der Torte verteilen.

Lässt sich vorbereiten: Quarktorte ca. 1 Tag im Voraus zubereiten, zugedeckt kühl stellen.

Stück (¹⁄₁₂): 213 kcal, F 9 g, Kh 24 g, E 8 g

Kirschen-Trifle

⏱ 30 Min.

Für 4 Gläser von je ca. 2½ dl

400 g	Kirschen	Kirschen entsteinen, mit Zucker, Wasser und Zitronensaft in einer Pfanne mischen, aufkochen. Hitze reduzieren, zugedeckt ca. 10 Min. köcheln. Schokolade fein hacken, mit dem Kirsch daruntermischen, auskühlen.
2 EL	Zucker	
2 EL	Wasser	
½ EL	Zitronensaft	
50 g	dunkle Schokolade	
1 EL	**Kirsch,** nach Belieben	
300 g	griechisches Joghurt nature	Joghurt, Puderzucker und Zitronensaft verrühren. Rahm steif schlagen, darunterziehen.
4 EL	Puderzucker	
½ EL	Zitronensaft	
1½ dl	Vollrahm	
120 g	Guetzli (z. B. Bärentatzen)	Guetzli zerbröckeln, mit den Kirschen und der Joghurtmasse abwechslungsweise in die Gläser schichten. Von der Schokolade mit einem Messer Späne abschaben, mit den Kirschen in die Gläser verteilen.
20 g	dunkle Schokolade	
einige	**Kirschen** zum Verzieren	

Lässt sich vorbereiten: Trifle ca. 4 Std. im Voraus zubereiten, zugedeckt kühl stellen.

Portion (¼): 581 kcal, F 33 g, Kh 61 g, E 7 g

Schokoladespäne

Schaben Sie mit einem scharfen Messer feine Späne von der Schokolade ab.

Fruchtsalat mit Zitronensorbet

⏱ 30 Min. + 5 Std. gefrieren   glutenfrei   laktosefrei

2 dl	Wasser	Wasser mit dem Zucker und dem Thymian in einer kleinen Pfanne unter gelegentlichem Rühren aufkochen, Hitze reduzieren, ca. 2 Min. kochen. Zuckersirup in eine weite Chromstahlschüssel giessen, auskühlen.
150 g	Zucker	
½ Bund	Thymian	
2½ dl	Zitronensaft	Zitronensaft durch ein Sieb zum Zuckersirup giessen, verrühren, zugedeckt ca. 4 Std. gefrieren, dabei 3-mal mit dem Schwingbesen gut durchrühren. Sorbet mit den Schwingbesen des Handrührgeräts geschmeidig rühren, nochmals ca. 1 Std. gefrieren.
½	Melone (z. B. Charentais)	Melone schälen, in Scheibchen schneiden, mit Brombeeren, Heidelbeeren, Puderzucker, Zitronensaft und Vanille mischen. Thymianblättchen abzupfen, beigeben, mischen, zugedeckt ca. 30 Min. ziehen lassen. Aus dem Sorbet Kugeln formen, mit dem Fruchtsalat anrichten.
125 g	Brombeeren	
125 g	Heidelbeeren	
2 EL	Puderzucker	
1 EL	Zitronensaft	
¼ TL	gemahlene Vanillestängel	
1	Zweiglein Thymian	

Portion (¼): 236 kcal, F 1 g, Kh 55 g, E 1 g

Lässt sich vorbereiten

Sorbet ca. 2 Tage im Voraus zubereiten. Ca. 20 Min. vor dem Servieren aus dem Tiefkühler nehmen und in den Kühlschrank stellen. Fruchtsalat ca. ½ Tag im Voraus zubereiten, zugedeckt kühl stellen.

Aprikosen-Mandel-Tarte

⏱ 15 Min. + 25 Min. backen

Für ein Backblech von ca. 28 cm Ø

1	**ausgewallter Blätterteig** (ca. 32 cm Ø)	Ofen auf 220 Grad vorheizen. Teig entrollen, mit dem Backpapier ins Blech legen, Boden mit einer Gabel dicht einstechen. Marzipan zerbröckeln, darauf verteilen. Mandeln grob hacken, die Hälfte davon darüberstreuen, kühl stellen.
100 g	**Backmarzipan**	
100 g	**Mandeln**	
40 g	**Butter**	Butter in einer Pfanne schmelzen, Pfanne von der Platte nehmen. Restliche Mandeln mit dem Mehl und dem Zucker beigeben, mischen.
3 EL	**Mehl**	
3 EL	**gemahlener Rohzucker**	
600 g	**Aprikosen**	Aprikosen halbieren, mit der Schnittfläche nach unten auf den Teigboden legen. Mandel-Mehl-Masse zerbröckeln, darüberstreuen.
		Backen: ca. 25 Min. auf der untersten Rille des Ofens. Herausnehmen, etwas abkühlen.

Lässt sich vorbereiten: Die Tarte ca. ½ Tag im Voraus backen, auskühlen, zugedeckt beiseite stellen.

Stück (⅛): 356 kcal, F 21 g, Kh 32 g, E 7 g

Variieren erwünscht

Backen Sie diese herrliche Tarte auch mit Zwetschgen, Pfirsichen oder Nektarinen. Pfirsiche und Nektarinen schneiden Sie in Schnitze.

Pfirsich-Syllabub

⏱ 30 Min.   🌾 glutenfrei

Für 4 Gläser von je ca. 2 dl

2 dl	Süsswein	Süsswein mit Honig, Limettensaft und Pfefferminze auf die Hälfte einkochen. Pfirsiche entsteinen, in Scheibchen schneiden, beigeben, zugedeckt ca. 2 Min. knapp weich köcheln, auskühlen.
1 EL	Honig	
1 EL	Limettensaft	
4	Zweiglein Pfefferminze	
400 g	Pfirsiche	
2½ dl	Vollrahm	Pfirsiche in die Gläser geben. Rahm mit Puderzucker und ca. 1 dl Kochflüssigkeit mit den Schwingbesen des Handrührgeräts so lange schlagen, bis der Rahm steif ist, auf den Pfirsichen verteilen. Pfefferminzblätter abzupfen, Syllabub damit verzieren.
2 EL	Puderzucker	
einige	Pfefferminzblätter	

Portion (¼): 332 kcal, F 22 g, Kh 23 g, E 2 g

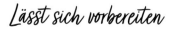

Syllabub ca. ½ Tag im Voraus zubereiten, zugedeckt kühl stellen.

Nektarinen-Pflaumen-Tiramisu

⏱ 20 Min. + 4 Std. kühl stellen

Für eine Form von ca. 2 Litern

250 g	Nektarinen	Nektarinen und Pflaumen entsteinen, in Schnitze schneiden, mit Wasser, Zucker, Zitronensaft, Kardamom und Zimt zugedeckt ca. 6 Min. knapp weich köcheln. Zwetschgenwasser beigeben, auskühlen.
200 g	Pflaumen oder Zwetschgen	
¾ dl	Wasser	
2 EL	Zucker	
1 EL	Zitronensaft	
¼ TL	Kardamom	
¼ TL	Zimt	
1 EL	Zwetschgenwasser, nach Belieben	
2½ dl	Vollrahm	Rahm mit Frischkäse, Puderzucker, Kardamom und Zimt steif schlagen.
100 g	fettreduzierter Frischkäse (Philadelphia Balance)	
60 g	Puderzucker	
¼ TL	Kardamom	
¼ TL	Zimt	
100 g	Löffelbiskuits	Biskuits in der Form verteilen, ¾ der Früchte mit dem Saft darauf verteilen. Rahmmasse darauf verteilen, glatt streichen, mit den restlichen Früchten separat zugedeckt ca. 4 Std. kühl stellen. Früchte kurz vor dem Servieren auf dem Tiramisu verteilen.

Portion (¼): 483 kcal, F 25 g, Kh 53 g, E 8 g

Lässt sich vorbereiten

Tiramisu ca. 1 Tag im Voraus zubereiten, zugedeckt kühl stellen.

Herbst

Gelb, Orange und Braun, das sind die Farben des Herbstes, auch auf dem Teller. Wie gross die kulinarische Vielfalt dieser Jahreszeit ist, entdecken Sie auf den nächsten Seiten. Entdecken Sie Ihre Lieblings-Wohlfühlgerichte, und tauchen Sie ein in diesen Farbenrausch.

Nuss-Grissini mit Randen-Tzatziki

⏱ 20 Min. + 17 Min. backen   🥕 vegetarisch

1	ausgewallter Kuchenteig (ca. 25 × 42 cm)	Ofen auf 200 Grad vorheizen. Teig entrollen, Ei verklopfen, Teig damit bestreichen. Baumnusskerne fein hacken, mit dem Fleur de Sel darüberstreuen, etwas andrücken. Teig mit dem Teigrädchen in ca. 1½ cm breite Streifen schneiden, mit dem Backpapier auf ein Blech ziehen.
1	Ei	
50 g	Baumnusskerne	
½ TL	Fleur de Sel	
		Backen: ca. 17 Min. in der Mitte des Ofens. Herausnehmen, auf einem Gitter auskühlen. Grissini sorgfältig auseinanderbrechen.
150 g	gekochte Randen	Randen schälen, fein in eine Schüssel reiben. Knoblauch dazupressen. Joghurt, Salz und Pfeffer beigeben, mischen. Tzatziki zu den Grissini servieren.
1	Knoblauchzehe	
150 g	griechisches Joghurt nature	
½ TL	Salz	
wenig	Pfeffer	

Lässt sich vorbereiten: Grissini ca. 1 Tag im Voraus backen, in einer Dose gut verschlossen aufbewahren. Tzatziki ca. ½ Tag im Voraus zubereiten, zugedeckt kühl stellen.

Portion (¼): 487 kcal, F 33 g, Kh 37 g, E 10 g

Das Tzatziki können Sie statt mit Randen mit Rüebli oder Zucchini verfeinern.

Salami-Tatar

⏱ 15 Min.

100 g	Salami in Scheiben	Salami und Oliven fein hacken, Stangensellerie in Würfeli schneiden, mit Ricotta und Öl mischen. Knäckebrote in Stücke brechen, Tatar darauf verteilen, mit Micro Greens garnieren.
30 g	entsteinte schwarze Oliven	
80 g	Stangensellerie oder Gurke	
50 g	Ricotta oder Frischkäse	
1 TL	Olivenöl	
6	Knäckebrote (z. B. Fine Food, ca. 160 g)	
wenig	Micro Greens	

Lässt sich vorbereiten: Tatar ca. 1 Tag im Voraus zubereiten, zugedeckt kühl stellen.

Portion (¼): 328 kcal, F 20 g, Kh 20 g, E 14 g

Vegi-Tipp: Ersetzen Sie die Salami durch in Öl eingelegte getrocknete Tomaten.

Marinierte Crevetten

⏱ 10 Min.   glutenfrei   laktosefrei

2	Knoblauchzehen	Knoblauch schälen, grob hacken, Chili entkernen, fein hacken.
1	roter Chili	
2 EL	Olivenöl	Öl in einer beschichteten Bratpfanne heiss werden lassen. Crevetten mit Rosmarin, Knoblauch und Chili beidseitig je ca. 1½ Min. braten, salzen. Von der Zitrone wenig Schale darüberreiben, 2 TL Saft dazupressen. Honig darüberträufeln, mischen. Crevetten mit Zahnstochern warm oder kalt servieren.
300 g	rohe bis auf das Schwanzende geschälte Crevettenschwänze	
1	Zweiglein Rosmarin	
½ TL	Fleur de Sel	
1	Bio-Zitrone	
1 TL	flüssiger Honig	

Lässt sich vorbereiten: Crevetten ca. 1 Tag im Voraus zubereiten, auskühlen, zugedeckt im Kühlschrank aufbewahren. Crevetten ca. 1 Std. vor dem Servieren aus dem Kühlschrank nehmen.

Portion (¼): 103 kcal, F 5 g, Kh 1 g, E 12 g

Genuss-Tipp
Die Crevetten passen prima zu frischer Baguette.

Kokos-Kürbis-Suppe

⏱ 35 Min.   🌱 vegan   🥛 laktosefrei

Ergibt ca. 8 dl

40 g	Kürbiskerne	Kürbiskerne, Zucker, Fleur de Sel und Cayennepfeffer in einer Bratpfanne bei mittlerer Hitze ca. 5 Min. rösten. Herausnehmen, auf einem Backpapier auskühlen.
½ TL	Zucker	
2 Prisen	Fleur de Sel	
1 Msp.	Cayennepfeffer	
400 g	Kürbis (z. B. Muscat)	Kürbis schälen, in Stücke schneiden. Zwiebel schälen, in feine Streifen schneiden. Chili entkernen.
1	Zwiebel	
1	roter Chili	
1 EL	Olivenöl	Öl in einer Pfanne warm werden lassen. Zwiebel andämpfen, Kürbis und Chili ca. 5 Min. mitdämpfen. Bouillon und Kokosmilch dazugiessen, Zimt beigeben, aufkochen. Zugedeckt bei kleiner Hitze ca. 20 Min. weich köcheln. Zimtstange entfernen, Suppe pürieren, salzen. Suppe anrichten, Korianderblätter abzupfen, mit den Kürbiskernen über die Suppe streuen.
3 dl	Gemüsebouillon	
2½ dl	Kokosmilch	
1	Zimtstange	
	Salz, nach Bedarf	
2	Zweiglein Koriander	

Lässt sich vorbereiten: Suppe und Kürbiskerne ca. 1 Tag im Voraus zubereiten. Suppe zugedeckt kühl stellen, kurz vor dem Servieren aufkochen. Kürbiskerne zugedeckt bei Raumtemperatur aufbewahren.

Portion (¼): 242 kcal, F 19 g, Kh 10 g, E 6 g

Milder, aber genauso raffiniert: Ersetzen Sie den Chili durch etwas fein geriebenen Ingwer.

Pilz-Marroni-Suppe

 35 Min.  vegetarisch

Ergibt ca. 9 dl

170 g 1 EL 2 EL	tiefgekühlte Marroni, aufgetaut Puderzucker Wasser	Marroni grob hacken, ca. 120 g davon beiseite stellen. Rest mit Puderzucker und Wasser in einer weiten Pfanne mischen, bei mittlerer Hitze caramelisieren. Marroni auf einem Backpapier auskühlen.
250 g 1 1 Bund	gemischte Pilze (z. B. Steinpilze und Champignons) Zwiebel Petersilie	Pilze in Stücke schneiden. Zwiebel schälen, in feine Streifen schneiden, Petersilie fein schneiden.
3 EL	Olivenöl	Öl in einer Pfanne warm werden lassen. Petersilie kurz dämpfen, in einer kleinen Schüssel beiseite stellen.
½ EL 1 dl 6 dl	Olivenöl Weisswein Gemüsebouillon	Öl in derselben Pfanne warm werden lassen. Zwiebel und beiseite gestellte Marroni andämpfen, Pilze ca. 5 Min. mitdämpfen. Wein dazugiessen, zur Hälfte einkochen. Bouillon dazugiessen, aufkochen, zugedeckt bei kleiner Hitze ca. 20 Min. köcheln.
2 dl	Rahm Salz, Pfeffer, nach Bedarf	Rahm flaumig schlagen, die Hälfte davon zur Suppe geben, fein pürieren. Suppe würzen, mit dem restlichen Schlagrahm anrichten. Beiseite gestelltes Petersilienöl darüberträufeln, caramelisierte Marroni darüberstreuen.

Lässt sich vorbereiten: Marroni, Petersilienöl und Suppe mit der Hälfte des Rahms ca. 1 Tag im Voraus zubereiten. Alles auskühlen und separat kühl stellen. Suppe kurz vor dem Servieren aufkochen, ca. 10 Min. köcheln.

Portion (¼): 380 kcal, F 28 g, Kh 20 g, E 5 g

Samtweiches Süppchen

Noch feiner wird die Suppe, wenn Sie sie im Mixglas pürieren.

Randen-Carpaccio

⏱ 15 Min.   🥕 vegetarisch   🌾 glutenfrei   🥛 laktosefrei

400 g	rohe farbige Randen	Randen schälen, in ca. 2 mm dicke Scheiben hobeln, anrichten.
2 EL	Weissweinessig	Essig und Öl verrühren, würzen. Nüsse grob hacken,
5 EL	Olivenöl	Estragon grob schneiden, beigeben, auf dem Carpaccio
¼ TL	Salz	verteilen. Käse darüberhobeln.
wenig	Pfeffer	
40 g	gesalzene Erdnüsse	
½ Bund	Estragon	
⅓	gereifte Belper Knolle oder 50 g Sbrinz	

Portion (¼): 272 kcal, F 23 g, Kh 8 g, E 7 g

Carpaccio ca. ½ Tag im Voraus zubereiten. Käse kurz vor dem Servieren darüberhobeln.

Herbst – Vorspeise

Gebratener Maissalat

⏱ 25 Min.   🥛 laktosefrei

2 **60 g**	**Maiskolben** **Weissbrot vom Vortag**	Blätter des Maiskolbens abziehen, Fäden entfernen. Körner mit einem grossen Messer vom Kolben schneiden. Brot in Scheibchen schneiden.
80 g	**Bratspeck in Tranchen**	Specktranchen dritteln, in einer beschichteten Bratpfanne ohne Fett langsam knusprig braten. Herausnehmen, Brot in derselben Pfanne ca. 5 Min. rösten. Herausnehmen, Pfanne mit Haushaltpapier ausreiben.
1 EL **2 EL** **¼ TL** **wenig** **1 Bund**	**Olivenöl** **Aceto balsamico bianco** **Salz** **Pfeffer** **Dill**	Öl in derselben Pfanne heiss werden lassen. Hitze reduzieren, Mais ca. 4 Min. rührbraten. Aceto, Salz und Pfeffer beigeben, mischen, etwas abkühlen. Dill zerzupfen, beigeben. Salat mit dem Speck und dem Brot auf Tellern anrichten.

Lässt sich vorbereiten: Salat ca. ½ Tag im Voraus zubereiten, zugedeckt beiseite stellen. Dill kurz vor dem Servieren darüberstreuen.

Portion (¼): 209 kcal, F 11 g, Kh 19 g, E 6 g

Frische Maiskörner

Dieser Salat schmeckt am besten mit frischen Maiskörnern. Stellen Sie den Kolben aufrecht aufs Schneidebrett, und schneiden Sie die Körner mit einem grossen Messer vom Kolben.

Linsensalat mit Lachs und Avocado

⏱ 30 Min.   glutenfrei   laktosefrei

120 g	schwarze Linsen (Beluga)	Linsen mit dem Wasser aufkochen, offen ca. 20 Min. weich kochen, kalt abspülen, abtropfen.
1 l	Wasser	
1 EL	Apfelessig	Essig und Öl in einer Schüssel verrühren, Linsen beigeben, würzen, mischen.
3 EL	Rapsöl	
¼ TL	Salz	
wenig	Pfeffer	
1	rotschaliger Apfel	Apfel in Würfeli schneiden, mit dem Rucola unter die Linsen mischen. Avocado schälen, Kern entfernen, in Schnitze schneiden, mit dem Salat, dem Lachs und der Kresse anrichten.
50 g	Rucola	
1	Avocado	
100 g	geräucherter Lachs in Tranchen	
30 g	Kresse	

Portion (¼): 282 kcal, F 16 g, Kh 14 g, E 15 g

Linsen ca. 1 Tag im Voraus kochen, zugedeckt im Kühlschrank aufbewahren.

Süsskartoffeln mit Feigen und Käse

⏱ 15 Min. + 12 Min. backen   🥕 vegetarisch   ✕ glutenfrei

2	**Süsskartoffeln** (je ca. 250 g)	Ofen auf 200 Grad vorheizen. Süsskartoffeln schälen, längs in ca. 8 mm dicke Scheiben schneiden, auf ein mit Backpapier belegtes Blech legen. Süsskartoffelscheiben mit Öl bestreichen, salzen.
1 EL	**Olivenöl**	
¼ TL	**Fleur de Sel**	
		Backen: ca. 12 Min. in der Mitte des Ofens. Herausnehmen, anrichten.
4	**Feigen**	Feigen in Schnitze schneiden, mit dem Frischkäse auf den Süsskartoffelscheiben verteilen. Crema di Balsamico darüberträufeln, Kernen-Mix darüberstreuen, würzen.
125 g	**Frischkäse nature**	
1 EL	**Crema di Balsamico**	
2 EL	**Kernen-Mix**	
wenig	**Pfeffer**	

Lässt sich vorbereiten: Kartoffeln ca. ½ Tag im Voraus backen.

Portion (¼): 240 kcal, F 12 g, Kh 27 g, E 5 g

Schmeckt lauwarm und kalt sehr gut! Würzen Sie mit zerstossenen schwarzen Pfefferkörnern.

Roher Kürbissalat

⏱ 20 Min. + 30 Min. ziehen lassen   🥕 vegetarisch   ✖ glutenfrei   🥛 laktosefrei

2 EL	Weissweinessig	Essig, Öl, Honig, Zimt, Salz und Pfeffer in einer Schüssel verrühren.
4 EL	Rapsöl	
1 TL	flüssiger Honig	
1 Msp.	Zimt	
½ TL	Salz	
wenig	Pfeffer	
400 g	Kürbis (Butternut)	Kürbis schälen, in ca. 2 mm dicke Scheiben hobeln, in feine Streifen schneiden. Peperoncino entkernen, fein hacken, beides zur Sauce geben, mischen, zugedeckt ca. 30 Min. ziehen lassen.
1	roter Peperoncino	
60 g	Baumnusskerne	Baumnusskerne grob hacken, in einer Bratpfanne ohne Fett rösten. Kürbissalat mit den Salatblättern anrichten, Baumnusskerne darüberstreuen. Kerbel zerzupfen, darüberstreuen.
einige	Salatblätter	
½ Bund	Kerbel	

Lässt sich vorbereiten: Kürbissalat bis und mit Peperoncino ca. 1 Tag im Voraus zubereiten, zugedeckt kühl stellen. Salat ca. 30 Min. vor dem Servieren aus dem Kühlschrank nehmen. Nüsse ca. 1 Tag im Voraus rösten, in einer Dose aufbewahren.

Portion (¼): 252 kcal, F 22 g, Kh 12 g, E 4 g

Beilage inklusive!

Legen Sie Baby-Kartoffeln, in Scheiben, neben den Kürbis, mit wenig Olivenöl beträufeln und salzen.

Rezept →

Rindshuft mit Kürbis

⏱ 15 Min. + 55 Min. backen/garen

750 g	**Rindshuft** (schmaler Teil)	Fleisch ca. 1 Std. vor der Zubereitung aus dem Kühlschrank nehmen. Ofen auf 200 Grad vorheizen.
1 kg **1 EL** **1 TL** **wenig**	**Kürbis** (Butternut) **Olivenöl** **Salz** **Pfeffer**	Kürbis schälen, entkernen, in Schnitze schneiden, mit Öl, Salz und Pfeffer mischen, auf einem mit Backpapier belegten Blech verteilen. **Backen:** ca. 25 Min. in der Mitte des Ofens.
¾ TL **wenig** **1 EL**	**Salz** **Pfeffer** **Bratbutter**	Fleisch würzen. Bratbutter in einer Bratpfanne heiss werden lassen. Fleisch bei mittlerer Hitze rundum ca. 4 Min. anbraten, herausnehmen. Bratpfanne beiseite stellen. Fleischthermometer an der dicksten Stelle ins Fleisch einstecken, auf den Kürbis legen, Ofenhitze sofort auf 80 Grad reduzieren. **Fertig garen:** ca. 30 Min. (siehe Hinweis). Die Kerntemperatur des Fleisches soll ca. 50 Grad betragen.
1 dl **3 dl** **1 EL** **25 g**	**Portwein** **Fleischbouillon** **Maizena express** (Saucenbinder braun) **Butter** **Salz, Pfeffer,** nach Bedarf	Portwein und Bouillon in die beiseite gestellte Pfanne giessen, aufkochen. Bratsatz lösen, Maizena einrühren, ca. 2 Min. köcheln, Butter darunterrühren, würzen.
150 g **1 EL**	**Jungspinat** **Kernen-Mix**	Fleisch herausnehmen, Spinat unter den Kürbis mischen. Fleisch quer zur Faser tranchieren, mit dem Gemüse und der Sauce anrichten, Kerne darüberstreuen.

Lässt sich vorbereiten: Fleisch ca. 2 Std. im Voraus anbraten, Sauce ca. 2 Std. im Voraus kochen, beides zugedeckt beiseite stellen.

Portion (¼): 473 kcal, F 21 g, Kh 28 g, E 45 g

Hinweis

Je nach Abkühlfunktion des Ofens kann es bis zu 45 Min. dauern, bis das Fleisch die Kerntemperatur erreicht hat.

Knödel mit Steinpilzen und Fenchel

⏱ 45 Min. + 30 Min. backen   🥕 vegetarisch

600 g	Fenchel	Ofen auf 200 Grad vorheizen.
3	Zweiglein Thymian	Fenchel in Schnitze schneiden, Thymianblättchen abzupfen, beides mit dem Öl in einer Schüssel mischen, würzen. Fenchel auf einem mit Backpapier belegten Blech verteilen. Pilze in Scheiben schneiden, beidseitig mit Öl bestreichen, auf dem Fenchel verteilen.
1 EL	Olivenöl	
¾ TL	Salz	
wenig	Pfeffer	
250 g	Steinpilze	
2 EL	Olivenöl	
		Backen: ca. 30 Min. in der Mitte des Ofens. Im ausgeschalteten Ofen warm halten.
450 g	Brot vom Vortag	Brot in ca. 1 cm grosse Würfel schneiden, in eine Schüssel geben, Bouillon darüberstreuen. Milch darübergiessen, ca. 10 Min. einweichen, dabei einmal gut mischen.
1 TL	Gemüsebouillonpulver	
2 dl	Milch	
2	Zwiebeln	Zwiebeln schälen, fein hacken, Schnittlauch fein schneiden, je die Hälfte beiseite stellen. Rest mit Essig, Öl, Salz und Pfeffer verrühren, Vinaigrette beiseite stellen.
1 Bund	Schnittlauch	
3 EL	Kräuteressig	
5 EL	Olivenöl	
¼ TL	Salz	
wenig	Pfeffer	
1 EL	Öl	Öl in einer Pfanne warm werden lassen. Knoblauch dazupressen, mit der beiseite gestellten Zwiebel ca. 3 Min. andämpfen, mit dem restlichen Schnittlauch zum Brot geben. Eier verklopfen, beigeben, würzen, von Hand gut kneten, bis die Masse gut zusammenhält. Masse zu 20 Kugeln formen, gut zusammendrücken.
1	Knoblauchzehe	
2	Eier	
wenig	Muskat	
¼ TL	Salz	
wenig	Pfeffer	
	Gemüsebouillon, siedend	Knödel portionenweise in der leicht siedenden Bouillon ca. 15 Min. ziehen lassen. Mit einer Schaumkelle herausnehmen, abtropfen, warm stellen. Knödel mit dem Fenchel und den Pilzen anrichten, Vinaigrette darüberträufeln.

Portion (¼): 631 kcal, F 31 g, Kh 59 g, E 21 g

Lässt sich vorbereiten

Die Knödel können Sie 1 Tag im Voraus zubereiten und vor dem Servieren ca. 20 Min. mit dem Fenchel mitbacken.

Pastagratin mit Kürbis und Wurst

⏱ 30 Min. + 30 Min. backen

Für eine weite ofenfeste Form von ca. 3 Litern, gefettet

500 g	**Kürbis** (z. B. Butternut)	Ofen auf 200 Grad vorheizen.
1 EL	**Olivenöl**	Kürbis schälen, entkernen, in ca. 1 cm grosse Würfel schneiden, mit Öl, Salz und Pfeffer in einer Schüssel mischen. Die Hälfte davon in der vorbereiteten Form verteilen, Rest beiseite stellen.
½ TL	**Salz**	
wenig	**Pfeffer**	
2	**Zwiebeln**	Zwiebeln schälen, in feine Streifen schneiden. Öl in einer Pfanne warm werden lassen. Zwiebeln ca. 5 Min. andämpfen. Würste aufschneiden, Brät herausdrücken, zerzupfen. Salbei grob schneiden, beides mit den Zwiebeln mischen. Teige entrollen, quer halbieren, jedes Teigstück längs in 3 Streifen schneiden. Wurstmasse darauf verteilen, aufrollen, in die Form stellen.
1 EL	**Olivenöl**	
4	**Luganighe** (ca. 560 g) oder Bauernbratwürste	
½ Bund	**Salbei**	
2 Rollen	**Pastateig** (ca. 250 g)	
2 dl	**Saucen-Halbrahm**	Restliche Kürbiswürfel darauf verteilen, Saucen-Halbrahm darübergiessen, Käse darüberstreuen.
3 EL	**geriebener Gruyère**	
3 EL	**Pinienkerne**	**Backen:** ca. 30 Min. in der Mitte des Ofens. Pinienkerne darüberstreuen.

Lässt sich vorbereiten: Gratin ca. 1 Tag im Voraus vorbereiten, zugedeckt kühl stellen. Die Backzeit verlängert sich um ca. 5 Minuten.

Portion (¼): 1142 kcal, F 86 g, Kh 52 g, E 39 g

Rosetten, leicht gemacht

Halbieren Sie die entrollten Teige je einmal quer. Schneiden Sie jedes Teigstück längs in 3 Streifen (ergibt 12 Streifen). Streifen belegen und aufrollen.

Kalbsvoressen mit Äpfeln

⏱ 30 Min. + 1 Std. 25 Min. schmoren

Für einen Brattopf

	1 Zwiebel **1 Knoblauchzehe**	Zwiebel und Knoblauch schälen, fein hacken.
800 g **2 EL** **¾ TL**	**Bratbutter** zum Braten **Kalbsvoressen** (z. B. Schulter) **Mehl** **Salz**	Bratbutter im Brattopf heiss werden lassen. Fleisch portionenweise je ca. 2 Min. anbraten, mit wenig Mehl bestäuben, herausnehmen, salzen. Hitze reduzieren, Bratfett auftupfen, evtl. wenig Bratbutter beigeben, Zwiebel und Knoblauch kurz andämpfen.
8 **1 dl** **3 dl**	**getrocknete Apfelringe** **saurer Most** **Fleischbouillon**	Apfelringe kurz mitdämpfen, sauren Most dazugiessen, auf die Hälfte einkochen. Bouillon dazugiessen, aufkochen, Hitze reduzieren, Fleisch wieder beigeben, zugedeckt bei kleiner Hitze ca. 50 Min. schmoren.
800 g	**fest kochende Kartoffeln**	Kartoffeln schälen, in ca. 2 cm grosse Stücke schneiden, unter das Voressen mischen. Zugedeckt ca. 35 Min. weiterschmoren.
2 dl **8**	**Saucen-Halbrahm** **Salz,** nach Bedarf **getrocknete Apfelringe**	Saucen-Halbrahm dazugiessen, ca. 2 Min. köcheln, salzen. Voressen mit den Apfelringen anrichten.

Lässt sich vorbereiten: Voressen ca. 1 Tag im Voraus schmoren, auskühlen, zugedeckt kühl stellen. Kurz vor dem Servieren langsam heiss werden lassen.

Portion (¼): 582 kcal, F 21 g, Kh 48 g, E 46 g

Super entspannt! Schmorgerichte sind perfekt zum Vorbereiten, sie schmecken aufgewärmt noch besser.

Mediterraner Forellengratin

⏱ 40 Min. + 25 Min. backen

Für 4 weite ofenfeste Formen von je ca. 7½ dl oder eine ofenfeste Form von ca. 3 Litern, gefettet

600 g	**Broccoli**	Ofen auf 200 Grad vorheizen.
	Salzwasser, siedend	Broccoli in Röschen schneiden, Strunk schälen, in Stücke schneiden, beides im siedenden Salzwasser ca. 5 Min. kochen. Broccoli mit einer Schaumkelle herausnehmen, abtropfen. Teigwaren in demselben Salzwasser knapp al dente kochen. 1½ dl Kochwasser beiseite stellen, Teigwaren abtropfen, mit dem Broccoli in den vorbereiteten Formen verteilen.
250 g	**Teigwaren** (z. B. Penne)	
1 Glas	**grillierte Peperoni in Öl** (ca. 290 g)	Peperoni abtropfen. Dill zerzupfen, mit der Hälfte der Peperoni, dem Saucen-Halbrahm und dem beiseite gestellten Kochwasser pürieren, über die Teigwaren und den Broccoli giessen. Käse darüberstreuen.
½ Bund	**Dill**	
2 dl	**Saucen-Halbrahm**	
60 g	**geriebener Parmesan**	
		Backen: ca. 15 Min. in der Mitte des Ofens.
2	**Scheiben Toastbrot**	Brot und restliche Peperoni fein hacken, mit dem Käse mischen, kurz kneten. Fischfilets mit einer Pinzette von allfälligen Gräten befreien. Fisch würzen, Peperonimasse darauf verteilen, aufrollen, mit je 2 Stück Küchenschnur binden, halbieren, auf den Gratin legen.
2 EL	**geriebener Parmesan**	
4	**Forellenfilets** (je ca. 150 g)	
½ TL	**Salz**	
wenig	**Pfeffer**	
½ Bund	**Dill**	**Fertig backen:** ca. 10 Min. Herausnehmen, Dill zerzupfen, darüberstreuen.

Lässt sich vorbereiten: Gratin bis und mit Guss ca. 1 Tag im Voraus vorbereiten, zugedeckt kühl stellen. Fisch ca. ½ Tag im Voraus füllen, zugedeckt im Kühlschrank aufbewahren.

Portion (¼): 717 kcal, F 27 g, Kh 59 g, E 55 g

Röllchen binden

Fischröllchen mit je 2 Stück Küchenschnur binden, in der Mitte halbieren.

Schupfnudeln mit Tofu und Trauben

⏱ 30 Min. + 40 Min. backen 🥕 vegetarisch

600 g	Rüebli	Ofen auf 200 Grad vorheizen.
2	Schalotten	Rüebli schälen, in Stängel schneiden. Schalotten schä-
1 EL	Olivenöl	len, in Schnitze schneiden, beides mit Öl, Salz und
¾ TL	Salz	Pfeffer in einer Schüssel mischen, auf einem mit Back-
wenig	Pfeffer	papier belegten Blech verteilen.

Backen: ca. 20 Min. in der Mitte des Ofens.

600 g	geräucherter Tofu	Tofu, Schupfnudeln, Marroni und Thymian auf dem
	(z. B. mit Rapssamen)	Gemüse verteilen.
500 g	Schupfnudeln	
150 g	tiefgekühlte Marroni, aufgetaut	
4	Zweiglein Thymian	

Fertig backen: ca. 20 Min.

20 g	Butter	Butter in einer Pfanne warm werden lassen. Trauben
350 g	blaue kernlose Trauben	und Wacholderbeeren beigeben, zugedeckt ca. 7 Min. dämpfen. Essig beigeben, offen ca. 3 Min. einköcheln,
4	Wacholderbeeren	salzen.
1 EL	Rotweinessig	
¼ TL	Salz	

Tofu in Scheiben schneiden, mit den Schupfnudeln, dem Gemüse und wenig Traubensauce auf Tellern anrichten. Restliche Traubensauce dazu servieren.

Lässt sich vorbereiten: Traubensauce ca. 1 Tag im Voraus zubereiten, zugedeckt kühl stellen. Kurz vor dem Servieren heiss werden lassen.

Portion (¼): 650 kcal, F 21 g, Kh 76 g, E 33 g

Die Traubensauce ist der Hit, unbedingt probieren!

Ofen-Schinkli mit Herbstgemüse

⏱ 30 Min. + 1¼ Std. backen

2 EL	milder Senf	Ofen auf 200 Grad vorheizen.
1 EL	flüssiger Honig	Senf, Honig, Zimt, Nelkenpulver und Pfeffer in einer
¼ TL	Zimt	Schüssel verrühren. Schinken damit bestreichen,
1 Msp.	Nelkenpulver	auf ein mit Backpapier belegtes Blech legen, restliche
wenig	Pfeffer	Würzpaste beiseite stellen.
1 kg	Rollschinken	

Backen: ca. 40 Min. in der Mitte des Ofens.

800 g	fest kochende Kartoffeln	Kartoffeln schälen, in ca. 2 cm breite Schnitze schneiden, zur restlichen Würzpaste geben. Randen schälen, halbieren, in ca. 8 mm dicke Scheiben schneiden, beigeben. Rosenkohl halbieren, mit Öl und Salz beigeben, mischen, neben dem Schinken auf dem Blech verteilen.
400 g	rohe Randen	
400 g	Rosenkohl	
2 EL	Olivenöl	
1½ TL	Salz	

Fertig backen: ca. 35 Min.

1	Zwiebel	Zwiebel schälen, grob hacken. Butter in einer Pfanne warm werden lassen. Zwiebel andämpfen, Cassissaft dazugiessen, auf die Hälfte einkochen. Bouillon dazugiessen, aufkochen. Maizena unter Rühren beigeben, ca. 2 Min. köcheln, durch ein Sieb in eine Sauciere giessen.
1 EL	Butter	
3 dl	Cassissaft	
2½ dl	Fleischbouillon	
2½ EL	Maizena express (Saucenbinder braun)	

Schinken quer zur Faser tranchieren, mit dem Gemüse und den Kartoffeln anrichten. Sauce dazu servieren.

Lässt sich vorbereiten: Sauce ca. 1 Tag im Voraus kochen, auskühlen, zugedeckt kühl stellen. Kurz vor dem Servieren erwärmen. Gemüse ca. ½ Tag im Voraus schneiden, zugedeckt kühl stellen.

Tipp: Für einen perfekt durchgegarten, aber dennoch saftigen Schinken ein Fleischthermometer an der dicksten Stelle in den Schinken stecken. Die Kerntemperatur soll ca. 70 Grad betragen.

Portion (¼): 765 kcal, F 30 g, Kh 60 g, E 59 g

Wildgeschnetzeltes mit Rotkraut

⏱ 1½ Std.   🍽 schlank

900 g	Rotkabis	Kabis vierteln, Strunk entfernen, in ca. 2 mm dicke Streifen hobeln. Zwiebel schälen, in feine Streifen schneiden.
1	Zwiebel	
1 EL	Butter	Butter in einer Pfanne warm werden lassen. Zwiebel andämpfen, Kabis kurz mitdämpfen, salzen. Wein und Bouillon dazugiessen, aufkochen. Essig und Lorbeer beigeben, zugedeckt bei mittlerer Hitze ca. 1 Std. weich köcheln. Konfitüre daruntermischen, würzen.
¾ TL	Salz	
1½ dl	Rotwein	
1 dl	Gemüsebouillon	
2 EL	Apfelessig	
1	Lorbeerblatt	
2 EL	Konfitüre (z. B. Hagebutten)	
wenig	Pfeffer	
1	Zwiebel	Zwiebel schälen, fein hacken. Pilze in Scheiben schneiden. Bratbutter in einer Bratpfanne heiss werden lassen. Fleisch portionenweise je ca. 1 Min. braten, herausnehmen, würzen. Evtl. wenig Bratbutter beigeben.
250 g	Pilze (z. B. Steinpilze oder Kräuterseitlinge)	
	Bratbutter zum Braten	
600 g	geschnetzeltes Reh- oder Hirschfleisch (à la minute)	
½ TL	Salz	
wenig	Pfeffer	
½ dl	Cognac	Zwiebel andämpfen, Pilze ca. 5 Min. mitdämpfen. Cognac, Bouillon und Rahm dazugiessen, aufkochen, ca. 2 Min. köcheln, würzen. Fleisch wieder beigeben, nur noch heiss werden lassen, mit dem Rotkraut anrichten.
1 dl	Fleischbouillon	
2 dl	Saucen-Halbrahm	
¼ TL	Salz	
wenig	Pfeffer	

Portion (¼): 450 kcal, F 19 g, Kh 18 g, E 41 g

Lässt sich vorbereiten

Das Rotkraut ca. 1 Tag im Voraus zubereiten, auskühlen, zugedeckt kühl stellen. Geschnetzeltes ca. 1 Std. im Voraus anbraten, in ein Sieb geben, Saft in einem Teller auffangen, zugedeckt beiseite stellen. Kurz vor dem Servieren Sauce zubereiten, Geschnetzeltes mit dem Saft wieder beigeben, nur noch heiss werden lassen.

Knöpfli sind die perfekte Beilage zu diesem Herbstklassiker!

Saftplätzli mit Landjäger und Ofen-Frites

⏱ 20 Min. + 1½ Std. schmoren + 40 Min. backen   🥛 laktosefrei

Für einen Brattopf

400 g	Zwiebeln	Zwiebeln schälen, in Schnitze schneiden. Tomaten und Landjäger in Scheiben schneiden.
400 g	Tomaten	
2	Landjäger	
8	Rindsplätzli zum Schmoren (z. B. Eckstück, je ca. 100 g)	Plätzli mit dem Tomatenpüree bestreichen, würzen, mit Zwiebeln, Tomaten, Landjäger und Thymian in den Brattopf schichten. Aufkochen, zugedeckt bei kleiner Hitze ca. 1½ Std. schmoren.
2 EL	Tomatenpüree	
1 TL	Salz	
wenig	Pfeffer	
4	Zweiglein Thymian	
1 kg	fest kochende Kartoffeln	Ofen auf 200 Grad (Heissluft) vorheizen. Kartoffeln schälen, in ca. 1 cm dicke Stängel schneiden, mit dem Mehl in einer Schüssel mischen. Öl daruntermischen, auf einem mit Backpapier belegten Blech verteilen.
2 EL	Mehl	
3 EL	Olivenöl	
½ TL	Salz	**Backen:** ca. 40 Min., dabei einmal wenden. Herausnehmen, salzen, zu den Saftplätzli servieren.

Portion (¼): 648 kcal, F 24 g, Kh 45 g, E 59 g

Lässt sich vorbereiten

Schmoren Sie die Saftplätzli ganz entspannt am Vortag. Vor dem Servieren lassen Sie das Gericht nur noch langsam heiss werden.

Poulet-Stroganoff

⏱ 50 Min.   schlank

Für einen Brattopf

300 g	rote Peperoni	Peperoni in ca. 1½ cm grosse Stücke, Champignons in Scheiben schneiden. Zwiebel schälen, grob hacken.
250 g	Champignons	
1	Zwiebel	
	Bratbutter zum Anbraten	Bratbutter im Brattopf heiss werden lassen. Poulet würzen, mit Mehl bestäuben, portionenweise beidseitig je ca. 2 Min. anbraten. Herausnehmen, Hitze reduzieren, Bratfett auftupfen, wenig Bratbutter beigeben.
800 g	Pouletschenkel-Steaks (ohne Haut)	
½ EL	milder Paprika	
¾ TL	Salz	
2 EL	Mehl	
1 EL	Mehl	Zwiebel, Champignons und Peperoni ca. 2 Min. anbraten, mit Mehl und Paprika bestäuben. Bouillon dazugiessen, unter Rühren aufkochen. Hitze reduzieren, ca. 5 Min. köcheln. Poulet wieder beigeben, zugedeckt ca. 20 Min. köcheln.
1 EL	milder Paprika	
2 dl	Hühnerbouillon	
60 g	Essiggurken	Essiggurken in feine Streifen schneiden, beigeben, nur noch heiss werden lassen, würzen. Stroganoff mit wenig saurem Halbrahm anrichten, restlichen Halbrahm dazu servieren.
	Salz, Pfeffer, nach Bedarf	
200 g	saurer Halbrahm	

Lässt sich vorbereiten: Stroganoff ca. 1 Tag im Voraus schmoren, auskühlen, zugedeckt kühl stellen. Kurz vor dem Servieren Poulet aus der Sauce nehmen, Sauce aufkochen, ca. 10 Min. köcheln. Poulet wieder beigeben, bei kleiner Hitze ca. 5 Min. heiss werden lassen.

Portion (¼): 447 kcal, F 24 g, Kh 12 g, E 45 g

Servieren Sie das Stroganoff mit Nudeln, Spätzli, Trockenreis oder Wildreis-Mix.

Tafelspitz

⏱ 20 Min. + 1 Std. 55 Min. ziehen lassen   🍽 schlank   🌾 glutenfrei   🥛 laktosefrei

2	Zwiebeln	Zwiebeln mit der Schale quer halbieren, mit je 1 Lorbeerblatt und 1 Nelke bestecken, mit den Schnittflächen nach unten in einer hohen Pfanne dunkel rösten. Wasser dazugiessen, aufkochen, salzen. Hitze reduzieren.
4	Lorbeerblätter	
4	Nelken	
3 l	Wasser	
1 EL	Salz	
300 g	Rüebli	Rüebli schälen, vierteln, mit dem Fleisch beigeben, knapp unter dem Siedepunkt ca. 1½ Std. ziehen lassen.
1 kg	Rindfleisch zum Sieden (z. B. Huftdeckel)	
500 g	fest kochende Kartoffeln	Kartoffeln und Pastinaken schälen, in ca. 2 cm grosse Würfel schneiden, in den Sud geben, ca. 25 Min. ziehen lassen. Fleisch herausnehmen, quer zur Faser tranchieren, mit dem Gemüse und etwas Sud anrichten.
300 g	Pastinaken	
20 g	Meerrettich	Meerrettich schälen, über den Tafelspitz reiben, Preiselbeeren dazu servieren.
80 g	Preiselbeeren aus dem Glas	

Lässt sich vorbereiten: Siedfleisch ca. 1 Tag im Voraus garen. Fleisch aus dem Sud nehmen, Sud und Fleisch auskühlen, separat zugedeckt im Kühlschrank aufbewahren.

Portion (¼): 499 kcal, F 12 g, Kh 39 g, E 58 g

Wie in Wien geniessen

Dort wird Tafelspitz oft mit Markknochen zubereitet. Diese werden mit einem Teller der Fleischbrühe als Vorspeise zusammen mit Schwarzbrot serviert. Streichen Sie das Mark aufs Brot, mit wenig Fleur de Sel salzen.

Mostbraten mit Zwiebelsauce

⏱ 1 Std. + 3½ Std. garen im Ofen

1,2 kg	Schweinsbraten (Schulter)	Fleisch ca. 1 Std. vor dem Anbraten aus dem Kühlschrank nehmen. Ofen auf 120 Grad vorheizen.
4	Scheiben Toastbrot (ca. 100 g)	Brot fein hacken. Rosmarin fein schneiden, beides mit dem Most mischen. Salz, Cayennepfeffer und Zimt mischen, ¼ TL davon unter das Brot mischen, etwas zusammenkneten. Fleisch längs mit einem schmalen, langen Messer durchstossen, einige Male hin und her fahren, bis der Schnitt ca. 2½ cm breit ist. Fleisch mit der Brotmasse von beiden Seiten her satt füllen.
1	Zweiglein Rosmarin	
½ dl	saurer Most	
1½ TL	Salz	
¼ TL	Cayennepfeffer	
¼ TL	Zimt	
1 EL	Bratbutter	Bratbutter in einer Bratpfanne heiss werden lassen. Fleisch mit dem restlichen Gewürzsalz würzen, rundum ca. 5 Min. anbraten, erst wenden, wenn sich eine Kruste gebildet hat. Braten auf ein mit Backpapier belegtes Blech legen. Bratpfanne beiseite stellen. Fleischthermometer an der dicksten Stelle des Fleisches einstecken.
		Garen: ca. 3½ Std. in der Mitte des Ofens. Die Kerntemperatur des Fleisches soll ca. 80 Grad betragen.
2	rote Zwiebeln	Zwiebeln schälen, in Schnitze schneiden. Bratbutter in der beiseite gestellten Pfanne warm werden lassen. Zwiebeln andämpfen, sauren Most und Rosmarin beigeben, aufkochen. Bratsatz lösen, Hitze reduzieren, ca. 10 Min. auf die Hälfte einköcheln. Maizena und Bouillonpulver darunterrühren, ca. 2 Min. köcheln. Sauce zugedeckt warm stellen.
1 EL	Bratbutter	
4½ dl	saurer Most	
2	Zweiglein Rosmarin	
1 EL	Maizena express (Saucenbinder braun)	
1½ TL	Fleischbouillonpulver	
600 g	Krautstiel	Krautstiel in ca. 2 cm breite Streifen schneiden. Butter in einer Pfanne warm werden lassen. Krautstiel andämpfen, Wasser dazugiessen, ca. 12 Min. knapp weich dämpfen. Rahm dazugiessen, ca. 2 Min. weiterköcheln, würzen. Nüsse grob hacken, darüberstreuen. Braten herausnehmen, quer zur Faser tranchieren, mit der Sauce und dem Krautstiel anrichten.
1 EL	Butter	
½ dl	Wasser	
½ dl	Vollrahm	
½ TL	Salz	
wenig	Pfeffer	
50 g	Baumnusskerne	

Portion (¼): 909 kcal, F 50 g, Kh 25 g, E 82 g

Pouletcurry mit Kürbis

⏱ 45 Min.   schlank   glutenfrei   laktosefrei

Für einen Brattopf oder Wok

1 Päckli	**Thai Mix** (Betty Bossi, ca. 350 g)	Schalotte, Knoblauch und Galgant schälen, grob hacken. Chili entkernen, Pfefferkörner ablösen. Vom Zitronengras äussere Blätter entfernen, Inneres fein hacken. Kaffirlimetten-Blätter fein hacken. Koriander samt Stielen grob hacken, alles mit Kreuzkümmel, Rohzucker und Fischsauce in einen Messbecher geben, fein pürieren. Currysauce beiseite stellen.
½ Bund	**Koriander**	
1 TL	**Kreuzkümmelpulver**	
2 EL	**Rohzucker**	
¾ dl	**Fischsauce**	
300 g	**Kürbis** (Butternut)	Kürbis schälen, in ca. 2 cm grosse Würfel schneiden. Schlangenbohnen in ca. 3 cm lange Stücke schneiden, Auberginen und Okras vierteln, Mais schräg halbieren.
	geröstetes Sesamöl zum Braten	Wenig Öl im Brattopf oder Wok heiss werden lassen. Poulet portionenweise je ca. 2 Min. anbraten. Herausnehmen, salzen. Wenig Öl in dieselbe Pfanne geben. Kürbis, Bohnen, Auberginen, Okras und Mais ca. 5 Min. rührbraten, beiseite gestellte Currysauce beigeben, ca. 2 Min. kochen.
600 g	**Pouletbrust-Würfel**	
½ TL	**Salz**	
2 TL	**Maizena**	Maizena mit dem Wasser anrühren, unter Rühren dazugiessen, aufkochen. Kokosmilch dazugiessen, offen ca. 5 Min. köcheln. Poulet beigeben, zugedeckt bei kleiner Hitze ca. 5 Min. ziehen lassen. Koriander zerzupfen, darüberstreuen.
4½ dl	**Wasser**	
2½ dl	**Kokosmilch**	
½ Bund	**Koriander**	

Lässt sich vorbereiten: Currysauce ca. 1 Tag im Voraus zubereiten, zugedeckt kühl stellen.

Portion (¼): 410 kcal, F 16 g, Kh 23 g, E 41 g

Praktisch: Thai Mix

Der Thai Mix enthält Schalotte, Knoblauch, Galgant, Chili, grünen Pfeffer, Zitronengras, Kaffirlimetten-Blätter, Schlangenbohnen, Thai-Auberginen, Okras und Maiskölbchen.

Spätzli und Knöpfli zum Vorbereiten

⏱ 20 Min. + 30 Min. quellen lassen   🥕 vegetarisch

300 g	**Mehl**	Mehl und Salz in einer Schüssel mischen, in der Mitte eine Mulde eindrücken.
¾ TL	**Salz**	
1½ dl	**Milchwasser** (½ Milch / ½ Wasser)	Milchwasser und Eier verrühren, nach und nach unter Rühren in die Mulde giessen, mit einer Kelle mischen und so lange klopfen, bis der Teig glänzt und Blasen wirft. Zugedeckt bei Raumtemperatur ca. 30 Min. quellen lassen.
3	**frische Eier**	
	Salzwasser, siedend	**Spätzli:** Teig portionenweise auf einem nassen Stielbrettchen ausstreichen. Mit dem Rücken eines langen Messers schmale Teigstreifen vom Brettchen direkt ins leicht siedende Wasser schneiden. **Knöpfli:** Teig portionenweise durch ein Knöpflisieb direkt ins leicht siedende Salzwasser streichen. Sobald eine Portion verarbeitet ist und die Spätzli/Knöpfli an die Oberfläche steigen, mit einer Schaumkelle herausnehmen, abtropfen.

Lässt sich vorbereiten: Spätzli/Knöpfli ca. 1 Tag im Voraus zubereiten, in ein Abtropfsieb geben, kalt abspülen. Kurz vor dem Servieren Spätzli/Knöpfli in heisser Bratbutter anbraten oder kurz in leicht siedendem Salzwasser ziehen lassen, abtropfen.

Portion (¼): 329 kcal, F 6 g, Kh 54 g, E 14 g

Ganz schön bunt

Verwenden Sie für farbige Knöpfli oder Spätzli statt Milchwasser Randensaft oder Rüeblisaft.

Liebliche Note

Leicht süsslich schmecken die Spätzli oder Knöpfli, wenn Sie 3 EL Quittengelee oder Hagebuttenkonfitüre unter den Teig mischen.

Kerniger Biss

Die Knöpfli oder Spätzli erhalten etwas mehr Biss, wenn Sie 100 g Mehl durch Knöpflimehl ersetzen.

Feine Röstaromen

Ersetzen Sie 40 g Mehl durch 50 g geröstete, fein gemahlene Haselnüsse.

Keine Quitten?

Dann köcheln Sie einfach Birnen oder Äpfel in dem feinen Rotwein-Gewürz-Sud. Hauptsache, Sie lassen sich das feine Dessert nicht entgehen.

Rezept →

Rotwein-Quitten

⏱ 35 Min. + 1 Std. ziehen lassen

7½ dl	**Rotwein** (z. B. Syrah)	Wein mit Zucker, Nelken und Zimtstange in einer Pfanne aufkochen. Von den Quitten allfälligen Flaum mit einem Tuch abreiben. Quitten schälen, in den Sud geben, zugedeckt bei kleiner Hitze ca. 30 Min. weich köcheln, dabei Quitten von Zeit zu Zeit wenden. Pfanne von der Platte nehmen, Quitten zugedeckt ca. 1 Std. ziehen lassen.
120 g	**Rohzucker**	
2	**Nelken**	
1	**Zimtstange**	
2	**Quitten**	
50 g	**Magenbrot**	Quitten aus dem Sud nehmen, zugedeckt beiseite stellen. Sud auf ca. 1½ dl einkochen, etwas abkühlen. Quitten halbieren, mit dem Sud anrichten. Magenbrot grob hacken, darüberstreuen.

Portion (¼): 190 kcal, F 0 g, Kh 42 g, E 1 g

Lässt sich vorbereiten

Quitten ca. 1 Tag im Voraus kochen, auskühlen, separat mit dem eingekochten Sud zugedeckt kühl stellen. Kurz vor dem Servieren Quitten im Sud warm werden lassen.

Marroni-Crème-brûlée

⏱ 20 Min. + 30 Min. garen + 2 Std. kühl stellen   ✲ glutenfrei

Für 4 Förmchen von je ca. 1¾ dl

1 dl	**Milch** (UHT)	Ofen auf 160 Grad vorheizen.
1 dl	**Vollrahm**	Milch und Rahm aufkochen. Pfanne von der Platte ziehen.
220 g	**tiefgekühltes Marroni-Püree,** aufgetaut	Vom Marroni-Püree ¼ in einen Spritzsack mit gezackter Tülle (ca. 5 mm Ø) füllen. Öffnungen gut zudecken, kühl stellen. Restliches Püree in eine Schüssel geben. Eier, Rohzucker und Kirsch beigeben, gut verrühren. Milchrahm unter Rühren nach und nach dazugiessen, Masse in einen Messbecher giessen, in die Förmchen füllen. Förmchen einzeln mit Alufolie zudecken, in ein tiefes Backblech stellen, in die Mitte des heissen Ofens schieben. Siedendes Wasser bis auf ½ Höhe der Förmchen ins Blech giessen.
2	**frische Eier**	
1 EL	**gemahlener Rohzucker**	
1 EL	**Kirsch**	
2 l	**Wasser,** siedend	
		Garen im Wasserbad: ca. 30 Min. Herausnehmen, Förmchen sorgfältig aus dem Wasserbad nehmen, auskühlen. Creme zugedeckt ca. 2 Std. kühl stellen.
4 EL	**gemahlener Rohzucker**	Je 1 EL Zucker gleichmässig auf der Creme verteilen. Mit dem Bunsenbrenner sorgfältig caramelisieren. Mit dem restlichen Marroni-Püree verzieren.

Portion (¼): 307 kcal, F 12 g, Kh 40 g, E 5 g

Lässt sich vorbereiten

Creme ca. 1 Tag im Voraus zubereiten, zugedeckt im Kühlschrank aufbewahren. Zucker erst kurz vor dem Servieren darüberstreuen und caramelisieren.

Marroni-Mousse auf Birnenkompott

⏱ 40 Min.   🌾 glutenfrei

400 g	**Birnen** (z. B. gute Luise)	Birnen schälen, entkernen, in ca. 1½ cm grosse Würfel schneiden, in eine Pfanne geben. Vanillestängel längs aufschneiden, Samen auskratzen, beides mit dem Zucker, dem Wasser und dem Zitronensaft beigeben, zugedeckt bei mittlerer Hitze ca. 5 Min. weich dämpfen. Pfanne von der Platte nehmen, auskühlen. Vanillestängel entfernen.
½	**Vanillestängel**	
2 EL	**Zucker**	
1 EL	**Wasser**	
1 TL	**Zitronensaft**	
50 g	**dunkle Schokolade**	Schokolade fein hacken, mit dem Rahm in einer dünnwandigen Schüssel über das nur leicht siedende Wasserbad hängen, sie darf das Wasser nicht berühren. Schokolade schmelzen, glatt rühren, Marroni-Püree, Puderzucker, Williams und Salz darunterrühren.
3 EL	**Vollrahm**	
220 g	**tiefgekühltes Marroni-Püree**, aufgetaut	
1 EL	**Puderzucker**	
1 EL	**Williams** oder Rahm	
1 Prise	**Salz**	
1½ dl	**Vollrahm**	Rahm steif schlagen, die Hälfte davon unter die Marroni-Masse ziehen, mit dem Birnenkompott in Schälchen anrichten. Meringues zerbröckeln, darüberstreuen, mit dem restlichen Schlagrahm verzieren.
20 g	**Meringues**	

Lässt sich vorbereiten: Birnenkompott und Marroni-Mousse ca. 1 Tag im Voraus zubereiten, separat zugedeckt im Kühlschrank aufbewahren.

Portion (¼): 449 kcal, F 22 g, Kh 54 g, E 3 g

Vanillemousse mit Zwetschgenkompott

⏱ 30 Min. + 4 Std. kühl stellen   🌾 glutenfrei

Für 4 Gläser von je ca. 2½ dl

2 Blatt	Gelatine	Gelatine ca. 5 Min. in kaltem Wasser einlegen.
1	Vanillestängel	Vanillestängel längs aufschneiden, Samen auskratzen, beides in eine Pfanne geben. Milch, Zucker, Maizena, Ei und Salz beigeben, mit dem Schwingbesen unter ständigem Rühren bei mittlerer Hitze zum Kochen bringen. Sobald die Masse bindet, Pfanne sofort von der Platte nehmen, Gelatine abtropfen, unter die heisse Masse rühren, durch ein Sieb in eine Schüssel giessen. Klarsichtfolie direkt auf die Creme legen, auskühlen.
2 dl	Milch	
3 EL	Zucker	
1 TL	Maizena	
1	frisches Ei	
1 Prise	Salz	
2 dl	Vollrahm	Rahm steif schlagen. Creme glatt rühren, Schlagrahm mit dem Gummischaber sorgfältig darunterziehen, in die Gläser füllen. Zugedeckt ca. 4 Std. kühl stellen.
300 g	Zwetschgen	Zwetschgen halbieren, mit Zucker und Portwein ca. 7 Min. knapp weich köcheln, auskühlen. Vor dem Servieren Zwetschgen auf der Mousse anrichten.
1½ EL	Zucker	
2 EL	Portwein oder Wasser	

Lässt sich vorbereiten: Mousse und Kompott ca. 1 Tag im Voraus zubereiten, separat zugedeckt im Kühlschrank aufbewahren. Zwetschgen ca. 1 Std. vor dem Servieren aus dem Kühlschrank nehmen.

Portion (¼): 316 kcal, F 21 g, Kh 25 g, E 5 g

Clever!

Mousse sauber und elegant in die Gläser füllen: Geben Sie die Mousse in einen Einweg-Spritzsack, schneiden Sie eine Ecke ab, spritzen Sie die Mousse in die Gläser.

Mini-Tartes-Tatin mit Zimtrahm

⏱ 20 Min. + 18 Min. backen

Für 4 Förmchen von je ca. 10 cm Ø, Boden exakt mit Backpapier belegt

1	**ausgewallter Blätterteig** (ca. 32 cm Ø)	Ofen auf 220 Grad vorheizen. Teig entrollen, 4 Rondellen von je ca. 12 cm Ø ausschneiden, mit einer Gabel dicht einstechen, kühl stellen.
1 4 TL 25 g	**rotschaliger Apfel** (ca. 180 g) **grobkörniger Rohzucker** **Butter,** kalt	Apfel in ca. 5 mm dicke Scheiben hobeln. Je 1 TL Zucker auf den vorbereiteten Förmchenböden verteilen. Butter in Würfeli schneiden, auf dem Zucker verteilen. Apfelscheiben darauflegen, Teigrondellen über die Äpfel legen, Teigrand zwischen Apfel und Formenrand schieben.
		Backen: ca. 18 Min. in der Mitte des Ofens. Herausnehmen, ca. 2 Min. stehen lassen, sorgfältig auf Teller stürzen, Backpapier entfernen.
1 dl ¼ TL 50 g	**Vollrahm** **Zimt** **gebrannte Mandeln**	Rahm mit dem Zimt steif schlagen. Mandeln grob hacken, über die Tartes Tatin streuen, mit dem Zimtrahm anrichten.

Lässt sich vorbereiten: Tartes Tatin ca. ½ Tag im Voraus backen, auf ein Blech stürzen, auskühlen, zugedeckt beiseite stellen. Vor dem Servieren Tartes Tatin im auf 160 Grad vorgeheizten Ofen (Heissluft) ca. 8 Min. aufbacken.

Portion (¼): 419 kcal, F 30 g, Kh 31 g, E 5 g

Dessert für 8

1 ausgewallten Blätterteig (25 × 42 cm) in 8 Stücke schneiden, Teigstücke über die Äpfel legen.

Sauerrahm-Köpfli mit Trauben

⏱ 30 Min. + 5 Std. kühl stellen   ✻ glutenfrei

Für 4 Förmchen von je ca. 1½ dl, kalt ausgespült

4 Blatt 400 g 4 EL 1	Gelatine saurer Halbrahm Puderzucker Bio-Zitrone	Gelatine ca. 5 Min. in kaltem Wasser einlegen. Sauren Halbrahm und Puderzucker in eine Schüssel geben. Von der Zitrone die Hälfte der Schale dazureiben, 1 EL Saft dazupressen, gut verrühren.
3 EL	Wasser, siedend	Gelatine abtropfen, im heissen Wasser auflösen, mit 3 EL Masse verrühren, sofort unter die restliche Masse rühren, kühl stellen, bis die Masse am Rand leicht fest ist, glatt rühren.
2 1 Prise 1 EL	frische Eiweisse Salz Puderzucker	Eiweisse mit dem Salz steif schlagen, Puderzucker beigeben, weiterschlagen, bis der Eischnee glänzt, sorgfältig unter die Sauerrahm-Masse ziehen. Masse in die vorbereiteten Förmchen füllen, zugedeckt im Kühlschrank ca. 5 Std. fest werden lassen.
400 g 1 EL 1 TL 1 Msp. wenig	kernlose Trauben Zitronensaft Puderzucker Muskat schwarzer Pfeffer	Trauben je nach Grösse halbieren, mit Zitronensaft, Puderzucker, Muskat und Pfeffer mischen. Förmchen kurz in heisses Wasser tauchen, Köpfli auf Teller stürzen. Trauben dazu servieren.

Lässt sich vorbereiten: Köpfli ca. 1 Tag, Trauben ca. ½ Tag im Voraus zubereiten, beides zugedeckt im Kühlschrank aufbewahren.

Portion (¼): 277 kcal, F 17 g, Kh 24 g, E 7 g

Muskat und Pfeffer harmonieren herrlich mit dem Traubenaroma! Dazu passt ein Glas Moscato.

Winter

Jetzt sorgen Wurzelgemüse, Kohl und Lauch für bunte Farbtupfer in Ihren Gerichten. Diese robusten Gemüsesorten legen sich auch gern mal in ein Schmorgericht und verleihen ihm ein herzhaftes Aroma. Ihre Desserts versüssen exotische und saftige Zitrusfrüchte.

Marinierter Kürbis mit Sbrinz

⏱ 20 Min. + 1 Tag marinieren   🥕 vegetarisch   glutenfrei   laktosefrei

1	**Zwiebel**	Zwiebel schälen, in Schnitze schneiden. Kürbis schälen, entkernen, in ca. 2 cm grosse Würfel schneiden.
200 g	**Kürbis** (Butternut)	
2 EL	**Olivenöl**	Öl in einer Pfanne warm werden lassen. Thymian mit der Zwiebel ca. 5 Min. andämpfen. Kürbis ca. 2 Min. mitdämpfen. Aceto und Salz beigeben, zugedeckt ca. 5 Min. köcheln. Pfanne von der Platte nehmen, Honig daruntermischen, auskühlen.
2	**Zweiglein Thymian**	
3 EL	**Aceto balsamico bianco**	
¼ TL	**Salz**	
1 EL	**Honig**	
100 g	**Sbrinz**	Sbrinz in Stücke schneiden, mit dem Kürbis mischen, zugedeckt im Kühlschrank ca. 1 Tag marinieren.

Portion (¼): 207 kcal, F 14 g, Kh 13 g, E 8 g

Servieren Sie geröstete Brotscheiben oder Rauchmandeln dazu.

Kernen-Knusperli mit Obazda

⏱ 15 Min. + 15 Min. backen   🥕 vegetarisch

½	rote Zwiebel	Ofen auf 200 Grad vorheizen.
200 g	Camembert	Zwiebel schälen, fein hacken, in eine Schüssel geben.
100 g	Crème fraîche	Camembert in kleine Stücke schneiden, beigeben.
½ dl	Milch	Crème fraîche, Milch, Paprika und Kümmel beigeben,
½ TL	Paprika	mit den Schwingbesen des Handrührgeräts cremig
¼ TL	Kümmel	rühren, würzen.
	Salz, Pfeffer, nach Bedarf	
1	Flammkuchenteig (ca. 24 × 33 cm)	Teig entrollen, Kernen-Mix und Fleur de Sel darüberstreuen, mit dem Wallholz darüberwallen. Teig in Dreiecke schneiden, mit dem Backpapier auf ein Blech
3 EL	Kernen-Mix	ziehen.
¾ TL	Fleur de Sel	
		Backen: ca. 15 Min. in der Mitte des Ofens. Herausnehmen, auf einem Gitter auskühlen.

Lässt sich vorbereiten: Knusperli und Obazda ca. 1 Tag im Voraus zubereiten. Obazda zugedeckt kühl stellen, Knusperli in einer Dose gut verschlossen aufbewahren.

Portion (¼): 456 kcal, F 28 g, Kh 32 g, E 18 g

Kümmel-Fan oder nicht?

Kümmel-Fans backen die Knusperli mit Kümmel statt mit Kernen. Kein Kümmel-Fan? Dann lassen Sie ihn im Obazda weg und mischen dafür fein geschnittenen Schnittlauch darunter.

Speckäpfel

⏱ 15 Min.   ✗ glutenfrei   ✗ laktosefrei

2 **Äpfel** (je ca. 160 g) 8 **Tranchen Bratspeck** 3 **Zweiglein Salbei**	Äpfel in je 8 Schnitze schneiden, Specktranchen halbieren. Je ein Salbeiblatt auf einen Apfelschnitz legen, mit je einer Specktranche umwickeln. Äpfel zuerst mit dem Speckende nach unten in einer beschichteten Bratpfanne beidseitig langsam knusprig braten.

Lässt sich vorbereiten: Speckäpfel ca. 2 Std. im Voraus braten. Kurz vor dem Servieren nochmals warm werden lassen.

Portion (¼): 135 kcal, F 10 g, Kh 8 g, E 4 g

Super schnell!

Weisse Portweinsuppe

 30 Min.  vegetarisch

Für 4 Tassen von je ca. 2 dl

2	**Scheiben Toastbrot**	Brotscheiben mit dem Wallholz so dünn wie möglich auswallen, mit Frischkäse bestreichen. Micro Greens darüberstreuen, gut andrücken. Brotscheiben satt aufrollen, in je 6 Stücke schneiden, an die Spiesschen stecken.
2 EL	**Frischkäse**	
15 g	**Micro Greens** oder Kresse	
4	**Holzspiesschen**	
2	**Zwiebeln**	Zwiebeln schälen, in feine Streifen schneiden. Petersilienwurzeln schälen, in kleine Stücke schneiden. Butter in einer Pfanne warm werden lassen. Zwiebeln, Petersilienwurzeln und Thymian ca. 5 Min. andämpfen. Portwein und Bouillon dazugiessen, aufkochen, zugedeckt bei mittlerer Hitze ca. 15 Min. weich köcheln. Thymian entfernen, Suppe fein pürieren.
150 g	**Petersilienwurzeln**	
25 g	**Butter**	
1	**Zweiglein Thymian**	
2 dl	**weisser Portwein**	
4 dl	**Gemüsebouillon**	
1 dl	**Vollrahm** **Salz, Pfeffer,** nach Bedarf	Rahm steif schlagen, unter die Suppe ziehen, würzen, in die Tassen giessen. Spiessli dazu servieren.

Lässt sich vorbereiten: Suppe ca. 1 Tag im Voraus zubereiten, auskühlen, zugedeckt kühl stellen.

Portion (¼): 260 kcal, F 17 g, Kh 15 g, E 4 g

Auch fein mit Pastinaken

Pastinaken sind herrlich nussig und süsslich im Geschmack. Da Sie einfacher erhältlich sind als Petersilienwurzeln, können Sie dieses feine Süppchen gut auch mit Pastinaken zubereiten.

Bündner Gerstensuppe

⏱ 1 Std. 20 Min.

1	Zwiebel	Zwiebel schälen, fein hacken. Rüebli und Sellerie schälen, in Würfeli schneiden. Lauch und Bündnerfleisch fein schneiden.
1	Rüebli	
100 g	Sellerie	
100 g	Lauch	
50 g	Bündnerfleisch in Tranchen	
1 EL	Butter	Butter in einer Pfanne warm werden lassen. Zwiebel, Rüebli, Sellerie, Lauch und Bündnerfleisch ca. 5 Min. andämpfen. Rollgerste beigeben, unter Rühren kurz dünsten.
40 g	Rollgerste	
7 dl	Fleischbouillon	Bouillon dazugiessen, aufkochen, Hitze reduzieren, zugedeckt bei kleiner Hitze ca. 1 Std. köcheln, würzen.
	Salz, Pfeffer, nach Bedarf	
70 g	Nussbrot	Brot in 4 Scheiben schneiden, toasten. Bündnerfleisch in feine Streifen schneiden, Nüsse grob hacken, beides mit den Käserosetten auf den Brotscheiben anrichten.
50 g	Bündnerfleisch in Tranchen	
8	Baumnusskerne	
4	Rosetten Tête de Moine	
1 dl	Vollrahm	Rahm zur Suppe giessen, heiss werden lassen. Schnittlauch fein schneiden, Suppe damit garnieren, Crostini dazu servieren.
1 Bund	Schnittlauch	

Lässt sich vorbereiten: Suppe bis und mit Bouillon ca. 1 Tag im Voraus zubereiten, auskühlen, zugedeckt kühl stellen. Kurz vor dem Servieren heiss werden lassen. Ist die Suppe zu dickflüssig, wenig Wasser dazugiessen.

Portion (¼): 446 kcal, F 29 g, Kh 20 g, E 23 g

Vegi-Tipp

Bündnerfleisch weglassen. Geräucherten Tofu, in Würfeli, die letzten 10 Min. in der Suppe heiss werden lassen. Crostini mit je 2 Käserosetten belegen.

Nüsslisalat im Knusperkörbchen

⏱ 25 Min. + 8 Min. backen

Für 4 Tartelette-Förmchen von je ca. 10 cm Ø, gut gefettet und bemehlt

25 g	**Butter**	Ofen auf 200 Grad vorheizen.
1 Päckli	**Strudelteig** (ca. 120 g)	Butter in einer Pfanne schmelzen, etwas abkühlen.
1	**Ei**	Teigblätter sorgfältig auseinanderfalten, mit wenig
2 EL	**Kürbiskerne**	Butter bestreichen, alle Teigblätter aufeinanderlegen, längs und quer halbieren. Ei verklopfen, Teigstücke damit bestreichen. Kürbiskerne grob hacken, darüberstreuen. Teigstücke in die vorbereiteten Förmchen legen, Teigboden mit einer Gabel dicht einstechen, auf ein mit Backpapier belegtes Blech stellen.
		Backen: ca. 8 Min. in der unteren Hälfte des Ofens. Herausnehmen, aus den Förmchen nehmen, auf einem Gitter auskühlen.
8	**Tranchen Bratspeck**	Speck in einer beschichteten Bratpfanne ohne Fett langsam sehr knusprig braten.
3 EL	**Aceto balsamico**	Aceto, Öle und Zimt verrühren, würzen. Nüsslisalat
2 EL	**Olivenöl**	in die Knusperkörbchen verteilen. Eier schälen,
2 EL	**Kürbiskern- oder Olivenöl**	in Scheiben schneiden, darauf anrichten, Sauce darüberträufeln. Speck zerbröckeln, darüberstreuen.
1 Prise	**Zimt**	
	Salz, Pfeffer, nach Bedarf	
150 g	**Nüsslisalat**	
2	**hart gekochte Eier**	

Portion (¼): 448 kcal, F 34 g, Kh 21 g, E 14 g

Klassiker mit dem gewissen Extra! Das Knusperkörbchen können Sie bequem einige Stunden im Voraus backen.

Chicoréesalat mit Clementinen

⏱ 10 Min.   🌱 vegan   🌾 glutenfrei   🥛 laktosefrei

2	**Clementinen**	Clementinen schälen, in Scheiben schneiden. Chicorée längs in Streifen schneiden. Nüsse grob hacken.
300 g	**Chicorée**	
80 g	**gesalzene Erdnüsse**	
3 EL	**Weissweinessig**	Essig, Öl, Lebkuchengewürz, Salz und Pfeffer in einer Schüssel gut verrühren. Chicorée beigeben, mischen, mit den Clementinen anrichten. Dill zerzupfen, mit den Nüssen darüberstreuen.
5 EL	**Olivenöl**	
1 Msp.	**Lebkuchengewürz** oder Zimt	
¼ TL	**Salz**	
wenig	**Pfeffer**	
4	**Zweiglein Dill**	

Portion (¼): 266 kcal, F 23 g, Kh 5 g, E 6 g

Präsentieren Sie diese Turbo-Vorspeise auf einer Platte, Wow-Effekt garantiert!

Blinis mit geräucherter Forelle

⏱ 10 Min.

10 g	Meerrettich	Meerrettich schälen, fein reiben. Rahm mit dem Meerrettich steif schlagen, würzen.
1 dl	Vollrahm	
¼ TL	Salz	
wenig	Pfeffer	
125 g	geräucherte Forellenfilets	Forellenfilets in Stücke zupfen. Blinis, Spinat, Forellenfilets und Preiselbeeren anrichten. Aceto und Öl verrühren, darüberträufeln. Mit Meerrettichschaum garnieren.
16	Blinis (ca. 135 g)	
wenig	Jungspinat	
2 EL	Preiselbeeren aus dem Glas	
1 EL	Aceto balsamico	
2 EL	Rapsöl	

Lässt sich vorbereiten: Meerrettichschaum ca. 2 Std. im Voraus zubereiten, zugedeckt kühl stellen.

Portion (¼): 289 kcal, F 20 g, Kh 17 g, E 10 g

Vegi-Tipp: Ersetzen Sie die Forellenfilets durch Randen-Hummus.

Selleriesalat

⏱ 20 Min. + 30 Min. ziehen lassen   🥕 vegetarisch   🌾 glutenfrei

3 EL	Apfelessig	Essig, Öl, Crème fraîche, Salz und Pfeffer in einer Schüssel verrühren. Sellerie schälen, in ca. 2 mm dünne Scheiben hobeln, dann in dünne Streifen schneiden, zur Sauce geben, mischen. Salat zugedeckt ca. 30 Min. ziehen lassen.
1 EL	Rapsöl	
100 g	Crème fraîche	
½ TL	Salz	
wenig	Pfeffer	
400 g	Sellerie	
1	Granatapfel	Granatapfel halbieren, Kerne auslösen. Lattiche in Streifen schneiden. Nüsse in einer Bratpfanne ohne Fett rösten. Selleriesalat mit dem Lattich anrichten, Nüsse und Granatapfelkerne darüberstreuen.
2	Mini-Lattiche	
60 g	Pekannüsse	

Lässt sich vorbereiten: Selleriesalat ohne Granatapfel, Lattiche und Nüsse ca. 1 Tag im Voraus zubereiten, zugedeckt kühl stellen.

Portion (¼): 275 kcal, F 23 g, Kh 10 g, E 5 g

Granatapfel-Trick

Klopfen Sie die Kerne mit einem Löffelrücken aus den Granatapfelhälften.

Wandelbar!

Dieser Braten harmoniert auch gut mit anderem Wurzelgemüse wie farbigen Rüebli oder Sellerie.

Rezept →

Kalbsbraten mit Petersilienwurzeln

⏱ 40 Min. + 1 Std. braten   🥛 laktosefrei

Für ein weites Bratgeschirr

1,2 kg	**Kalbsbraten** (Schulter)	Fleisch ca. 1 Std. vor dem Braten aus dem Kühlschrank nehmen, evtl. binden.
150 g 1 ½ Bund 2 EL	**Laugenbrötli** **Knoblauchzehe** **Petersilie** **Bratbutter**	Brötli in Stücke zupfen, Knoblauch pressen, Petersilie fein schneiden. Bratbutter in einer Bratpfanne heiss werden lassen. Hitze reduzieren. Brot und Knoblauch ca. 5 Min. goldbraun rösten, Petersilie daruntermischen, beiseite stellen.
1 EL 1 TL 1¼ TL wenig	**Bratbutter** **milder Paprika** **Salz** **Pfeffer**	Ofen auf 220 Grad vorheizen. Bratbutter im Bratgeschirr in der unteren Hälfte des Ofens heiss werden lassen. Fleisch würzen, Fleischthermometer an der dicksten Stelle einstecken. Fleisch ins Bratgeschirr legen.
		Braten im Ofen: ca. 15 Min.
600 g 1 EL ½ TL wenig	**Petersilienwurzeln** **Olivenöl** **Salz** **Pfeffer**	Petersilienwurzeln schälen, in ca. 1 cm dicke Stängel schneiden, mit Öl, Salz und Pfeffer mischen.
3 dl 1 dl 2½ EL	**Fleischbouillon** **Weisswein** **Maizena express** (Saucenbinder braun)	Bouillon und Wein aufkochen, Maizena unter Rühren beigeben, ca. 2 Min. kochen, ins Bratgeschirr giessen. Petersilienwurzeln neben dem Braten verteilen, Hitze auf 180 Grad reduzieren.
		Fertig braten: ca. 45 Min. Die Kerntemperatur soll ca. 62 Grad betragen. Braten herausnehmen, zugedeckt ca. 10 Min. ruhen lassen. Braten quer zur Faser tranchieren, mit den Petersilienwurzeln anrichten, Streusel darüberstreuen.

Portion (¼): 674 kcal, F 30 g, Kh 32 g, E 68 g

Lässt sich vorbereiten

Laugenbrötli-Streusel ca. 1 Tag im Voraus zubereiten, in einer Dose gut verschlossen aufbewahren. Petersilienwurzeln ca. ½ Tag im Voraus schneiden, mit Öl, Salz und Pfeffer mischen, zugedeckt beiseite stellen.

Kalbsragout mit Zitrone

⏱ 20 Min. + 1 Std. 20 Min. schmoren   🍽 schlank

Für einen Brattopf

2	**Zwiebeln**	Zwiebeln schälen, in Schnitze schneiden. Bratbutter im Brattopf heiss werden lassen. Fleisch portionenweise je ca. 2 Min. anbraten, herausnehmen, mit Mehl bestäuben, salzen. Hitze reduzieren, Bratfett auftupfen, evtl. wenig Bratbutter beigeben.
	Bratbutter zum Braten	
800 g	**Kalbsvoressen** (z. B. Schulter)	
3 EL	**Mehl**	
¾ TL	**Salz**	
2	**Zweiglein Rosmarin**	Zwiebeln und Rosmarin in den Brattopf geben, Knoblauch dazupressen, andämpfen. Wein dazugiessen, auf die Hälfte einköcheln. Bouillon dazugiessen, aufkochen, Hitze reduzieren, Fleisch wieder beigeben, zugedeckt bei kleiner Hitze ca. 50 Min. schmoren.
1	**Knoblauchzehe**	
1 dl	**Weisswein**	
4 dl	**Fleischbouillon**	
600 g	**Rüebli**	Rüebli schälen, längs halbieren, in ca. 2½ cm grosse Dreiecke schneiden, unter das Voressen mischen. Zugedeckt ca. 30 Min. fertig schmoren.
1	**Bio-Zitrone**	Von der Zitrone Schale dazureiben, Saft auspressen, mit der Crème fraîche beigeben, würzen, nur noch heiss werden lassen.
100 g	**Crème fraîche**	
	Salz, Pfeffer, nach Bedarf	

Dazu passen: Nudeln oder Knöpfli.

Portion (¼): 422 kcal, F 18 g, Kh 18 g, E 44 g

Lässt sich vorbereiten

Ragout ca. 1 Tag im Voraus zubereiten, auskühlen, zugedeckt kühl stellen. Kurz vor dem Servieren heiss werden lassen, Zitrone und Crème fraîche daruntermischen.

Fischtöpfli mit Venere-Risotto

⏱ 1 Std. + 12 Min. backen

Für 4 weite ofenfeste Förmchen von je ca. 5 dl oder 1 Form von ca. 2 Litern, gefettet

1	**Zwiebel**	Zwiebel und Knoblauch schälen, fein hacken. Butter in einer Pfanne warm werden lassen. Zwiebel und Knoblauch andämpfen. Reis beigeben, unter Rühren ca. 5 Min. dünsten. Die Hälfte der Bouillon dazugiessen, ca. 20 Min. unter gelegentlichem Rühren bei mittlerer Hitze köcheln. Restliche Bouillon dazugiessen, ca. 20 Min. unter gelegentlichem Rühren weiterköcheln. Reis zugedeckt bei kleinster Hitze ca. 10 Min. quellen lassen.
1	**Knoblauchzehe**	
1 EL	**Butter**	
250 g	**schwarzer Vollreis** (Riso Venere)	
1,3 l	**Gemüsebouillon**, heiss	

1	**Bio-Zitrone**	Von der Zitrone Schale dazureiben, 1 EL Saft dazupressen. Käse daruntermischen, würzen. Risotto in die vorbereiteten Förmchen verteilen.
3 EL	**geriebener Parmesan**	
	Salz, Pfeffer, nach Bedarf	

1	**Lauch** (ca. 400 g)	Lauch längs halbieren, in Streifen schneiden. Butter in einer Pfanne warm werden lassen. Lauch andämpfen, Vermouth beigeben, einkochen. Saucen-Halbrahm und Wasser dazugiessen, Lauch ca. 7 Min. köcheln, würzen, auf dem Reis verteilen. Ofen auf 220 Grad vorheizen (nur Oberhitze/Grill).
1 EL	**Butter**	
2 EL	**trockener weisser Vermouth** (Noilly Prat)	
2 dl	**Saucen-Halbrahm**	
1 dl	**Wasser**	
½ TL	**Salz**	
wenig	**Pfeffer**	

2	**Zanderfilets** (ca. 200 g)	Fischfilets mit einer Pinzette von allfälligen Gräten befreien. Zanderfilets längs halbieren, aufrollen. Lachs in 4 Stücke schneiden. Fisch und Muscheln würzen, auf den Lauch legen.
280 g	**Lachsfilet**	
4	**Jakobsmuscheln**	
½ TL	**Salz**	
wenig	**Pfeffer**	

2 EL	**Pinienkerne**	**Backen:** ca. 12 Min. in der oberen Hälfte des Ofens. Pinienkerne rösten, darüberstreuen.

Portion (¼): 752 kcal, F 36 g, Kh 56 g, E 49 g

TIPP

Lässt sich vorbereiten
Risotto und Lauch ca. 1 Tag im Voraus zubereiten, auskühlen, zugedeckt im Kühlschrank aufbewahren. Ca. 1 Std. vor dem Backen Risotto und Lauch in die Förmchen verteilen. **Backen:** ca. 10 Min. in der oberen Hälfte des auf 180 Grad vorgeheizten Ofens. Ofenhitze auf 220 Grad (nur Oberhitze/Grill) erhöhen. Fisch darauf verteilen, ca. 12 Min. fertig backen.

Filet im Teig mit Frischkäse

⏱ 40 Min. + 25 Min. backen

1 EL 800 g 1 TL wenig	**Bratbutter** **Rindsfilet** (Mittelstück) **Salz** **Pfeffer**	Bratbutter in einer Bratpfanne heiss werden lassen. Fleisch würzen, rundum ca. 4 Min. anbraten, erst wenden, wenn sich eine Kruste gebildet hat. Herausnehmen, auf einem Gitter auskühlen.
1 Bund 2 200 g ½ TL 4	**Petersilie** **Scheiben Toastbrot** (ca. 50 g) **Doppelrahm-** **Frischkäse** (z. B. Philadelphia) **Paprika** **Tranchen** **Hinterschinken** (ca. 130 g)	Petersilie und Toastbrot fein hacken, mit dem Frischkäse und dem Paprika mischen. Schinkentranchen sich leicht überlappend auf die Arbeitsfläche legen. ¾ der Frischkäsemasse in der Länge des Filets auf dem Schinken verteilen, Filet darauflegen. Restliche Frischkäsemasse auf dem Filet verteilen, mit dem vorstehenden Schinken umwickeln, gut andrücken.
1 1	**ausgewallter Blätter-** **teig** (25×42 cm) **Ei**	Ofen auf 220 Grad vorheizen. Teig entrollen, an der Schmalseite einen Streifen von ca. 5 cm abschneiden, für die Garnitur beiseite legen. Filet auf den Teig legen, Ei verklopfen. Teigränder mit wenig Ei bestreichen, locker über das Filet legen, gut andrücken. Mit dem Verschluss nach unten auf ein mit Backpapier belegtes Blech legen. Beiseite gelegten Teig in Streifen schneiden, mit wenig Ei bestreichen, Teig damit garnieren, etwas andrücken. Teig mit dem restlichen Ei bestreichen.
		Fleischthermometer an der dicksten Stelle des Filets einstecken.
		Backen: ca. 25 Min. auf der untersten Rille des Ofens. Die Kerntemperatur des Fleisches soll ca. 45 Grad betragen. Herausnehmen, ca. 10 Min. ruhen lassen. Filet im Teig in Tranchen schneiden, anrichten.

Lässt sich vorbereiten: Filet im Teig ca. ½ Tag im Voraus vorbereiten, zugedeckt im Kühlschrank aufbewahren. Kurz vor dem Servieren backen.

Tipp: Das Fleisch zieht während des Ruhenlassens noch nach (Kerntemperatur 45 Grad = saignant, 50 Grad = a point).

Portion (¼): 754 kcal, F 42 g, Kh 34 g, E 60 g

Servieren Sie das Filet im Teig mit Portweinsauce (S. 162) und Blattsalat.

Kichererbsen-Gemüse-Curry

⏱ 40 Min.   🥕 vegetarisch

500 g	fest kochende Kartoffeln	Kartoffeln schälen, in ca. 2 cm grosse Würfel schneiden. Rüebli schälen, längs halbieren, schräg in ca. 7 mm dicke Scheiben schneiden. Zwiebel und Knoblauch schälen, fein hacken. Kichererbsen abspülen, gut abtropfen.
500 g	Rüebli	
1	Zwiebel	
1	Knoblauchzehe	
1 Dose	Kichererbsen (ca. 400 g)	
2 EL	geröstetes Sesamöl	Öl in einer weiten Pfanne warm werden lassen. Zwiebel, Knoblauch, Rüebli und Kartoffeln ca. 5 Min. andämpfen. Kichererbsen und Curry beigeben, kurz mitdämpfen. Bouillon dazugiessen, aufkochen, zugedeckt bei kleiner Hitze ca. 7 Min. köcheln. Spinat daruntermischen, zusammenfallen lassen, salzen.
2 EL	Curry (z. B. Sri Lanka)	
3 dl	Gemüsebouillon	
150 g	Blattspinat	
1 TL	Salz	
1 EL	Limettensaft	Limettensaft daruntermischen. Paneer in Scheiben schneiden, auf das Gemüse legen, zugedeckt ca. 10 Min. heiss werden lassen.
400 g	Paneer	
½	Granatapfel	Vom Granatapfel Kerne auslösen, mit dem Joghurt mischen. Gemüsecurry anrichten. Koriander zerzupfen, darüberstreuen, mit dem Joghurt servieren.
180 g	Joghurt nature	
½ Bund	Koriander	

Lässt sich vorbereiten: Curry ohne Paneer ca. 1 Tag im Voraus zubereiten, auskühlen, zugedeckt kühl stellen. Kurz vor dem Servieren mit dem Paneer heiss werden lassen.

Dazu passt: Fladenbrot.

Portion (¼): 602 kcal, F 31 g, Kh 44 g, E 35 g

Paneer ist ein delikater indischer Frischkäse aus Kuhmilch. Ersatz: (geräucherter) Tofu.

Randenrisotto mit gebackenem Kürbis

⏱ 35 Min. + 40 Min. backen   🥕 vegetarisch

1	**Kürbis** (ca. 1 kg, Butternut)	Ofen auf 200 Grad vorheizen. Kürbis schälen, längs und quer halbieren, entkernen, in ca. 2½ cm dicke Schnitze schneiden. Öl, Senf, Honig, Salz und Pfeffer in einer Schüssel verrühren, Kürbis beigeben, mischen, auf einem mit Backpapier belegten Blech verteilen.
1 EL	**Olivenöl**	
2 EL	**Senf**	
1 EL	**flüssiger Honig**	
1 TL	**Salz**	
wenig	**Pfeffer**	

Backen: ca. 40 Min. in der Mitte des Ofens.

1	**Scheibe Toastbrot**	Brot in Würfeli schneiden, Nüsse grob hacken. Butter in einer Pfanne warm werden lassen. Brotwürfeli und Nüsse rösten, salzen, beiseite stellen.
40 g	**Haselnüsse**	
1 EL	**Butter**	
wenig	**Fleur de Sel**	

1	**Schalotte**	Schalotte und Knoblauch schälen, fein hacken. Rande schälen, an der Röstiraffel grob reiben.
1	**Knoblauchzehe**	
1	**rohe Rande** (ca. 200 g)	

1 EL	**Olivenöl**	Öl in einer Pfanne warm werden lassen. Schalotte, Knoblauch und Rande andämpfen. Reis beigeben, unter Rühren dünsten, bis er glasig ist. Wein dazugiessen, vollständig einkochen. Heisse Bouillon unter häufigem Rühren nach und nach dazugiessen, sodass der Reis immer knapp mit Flüssigkeit bedeckt ist, ca. 20 Min. köcheln, bis der Reis cremig und al dente ist.
300 g	**Risottoreis**	
2 dl	**Weisswein**	
9 dl	**Gemüsebouillon**, heiss	

300 g	**Ziegenweichkäse** oder Camembert	Die Hälfte des Käses in Würfeli schneiden, unter den Risotto mischen. Von der Zitrone wenig Schale dazureiben, mischen, mit den Kürbisscheiben anrichten. Restlichen Käse in Scheiben schneiden, auf dem Risotto anrichten. Beiseite gestellte Croûtons und Nüsse darüberstreuen.
1	**Bio-Zitrone**	

Portion (¼): 790 kcal, F 39 g, Kh 90 g, E 22 g

TIPP

Risotto vorbereiten – so gehts!
Risottoreis bis und mit Wein zubereiten, Bouillon auf einmal dazugiessen, aufkochen, ca. 1 Min. sprudelnd kochen. Pfanne von der Platte nehmen, zugedeckt ca. 20 Min. bis max. 2 Std. quellen lassen, dabei Deckel nie abheben. Kurz vor dem Servieren fertig zubereiten.

Schmorbraten

⏱ 30 Min. + 2½ Std. schmoren   🍽 schlank   🥛 laktosefrei

Für einen Brattopf

1,2 kg	Rindsbraten (z. B. Schulterspitz)	Fleisch ca. 1 Std. vor dem Anbraten aus dem Kühlschrank nehmen. Rüebli, Sellerie und Zwiebel schälen. Rüebli und Sellerie in 3 cm grosse Stücke, Zwiebel in Schnitze schneiden. Knoblauch schälen, halbieren.
500 g	Rüebli	
200 g	Sellerie	
1	Zwiebel	
1	Knoblauchzehe	
1½ TL	Salz	Fleisch würzen, mit Mehl bestäuben. Bratbutter im Brattopf heiss werden lassen. Fleisch rundum ca. 8 Min. anbraten, erst wenden, wenn sich eine Kruste gebildet hat. Herausnehmen, Hitze reduzieren, Bratfett auftupfen, wenig Bratbutter beigeben.
wenig	Pfeffer	
1 EL	Mehl	
	Bratbutter zum Anbraten	
2	Zweiglein Rosmarin	Zwiebeln, Knoblauch, Rüebli und Sellerie mit dem Rosmarin ca. 3 Min. rührbraten. Tomatenpüree kurz mitbraten. Mehl darüberstäuben, mischen. Wein dazugiessen, aufkochen. Hitze reduzieren, Lorbeerblatt und Bouillonpulver beigeben. Fleisch wieder beigeben, zugedeckt bei kleiner Hitze 2–2½ Std. weich schmoren.
2 EL	Tomatenpüree	
2 EL	Mehl	
7½ dl	Rotwein (z. B. Barolo)	
1	Lorbeerblatt	
1 EL	Fleischbouillonpulver	
80 g	Speckwürfeli	Speck in einer beschichteten Bratpfanne ohne Fett anbraten. Silberzwiebeln kalt abspülen, abtropfen, halbieren, mitbraten, bis der Speck knusprig ist. Petersilie fein schneiden, daruntermischen. Braten aus der Sauce nehmen, warm stellen. Sauce ca. 10 Min. einkochen. Schmorbraten quer zur Faser tranchieren, mit der Sauce und der Speck-Zwiebel-Mischung anrichten.
80 g	Silberzwiebeln aus dem Glas	
½ Bund	Petersilie	

Portion (¼): 546 kcal, F 18 g, Kh 17 g, E 71 g

TIPP

Lässt sich vorbereiten
Braten ca. 1 Tag im Voraus schmoren, Sauce einkochen, auskühlen. Braten in Tranchen schneiden und mit der Sauce separat zugedeckt im Kühlschrank aufbewahren. Sauce aufkochen, Hitze reduzieren, Bratentranchen langsam darin heiss werden lassen.
Dazu passt: Polenta oder Kartoffelstock.

Lachs mit Ofengemüse und Orangen

⏲ 20 Min. + 35 Min. backen   glutenfrei   laktosefrei

700 g	farbige Rüebli	Ofen auf 220 Grad vorheizen.
1 EL	Olivenöl	Rüebli schälen, in Stängel schneiden, mit Öl, Salz und
¾ TL	Salz	Pfeffer in einer Schüssel mischen, auf einem mit Back-
wenig	Pfeffer	papier belegten Blech verteilen.
800 g	Raclette-Kartoffeln	Kartoffeln längs halbieren, mit Öl, Salz und Pfeffer
1 EL	Olivenöl	mischen, auf den Rüebli verteilen.
¾ TL	Salz	
wenig	Pfeffer	

Backen: ca. 25 Min. in der Mitte des Ofens.

2	Blutorangen	Von den Orangen Boden und Deckel, dann Schale
1 EL	grobkörniger Senf	ringsum bis auf das Fruchtfleisch wegschneiden,
½ EL	Olivenöl	in Scheiben schneiden. Senf und Öl mischen, Lachs
800 g	Lachsfilet mit Haut (Bio)	damit bestreichen. Pfeffer zerdrücken, über den Lachs streuen, salzen. Gemüse aus dem Ofen nehmen,
1 TL	Tasmanische Pfefferkörner	Lachs darauflegen, Orangenscheiben daneben verteilen.
1 TL	Fleur de Sel	

Fertig backen: ca. 10 Min. Herausnehmen.

4 EL	ungesalzene geschälte Pistazien	Pistazien grob hacken, über den Lachs streuen.

Portion (¼): 726 kcal, F 39 g, Kh 43 g, E 45 g

Lässt sich vorbereiten

Den Lachs ca. ½ Tag im Voraus mit dem Senföl bestreichen, zugedeckt im Kühlschrank aufbewahren und erst kurz vor dem Backen würzen.

Hackbraten mit Whiskysauce

⏱ 40 Min. + 40 Min. backen

50 g	Weissbrot	Ofen auf 220 Grad vorheizen.
½ dl	Milch	Brot grob hacken, mit der Milch in einer grossen Schüssel mischen. Zwiebeln und Knoblauch schälen, fein hacken. Butter in einer Pfanne warm werden lassen. Zwiebeln und Knoblauch ca. 5 Min. dämpfen, etwas abkühlen, in die Schüssel geben.
2	Zwiebeln	
1	Knoblauchzehe	
1 EL	Butter	
800 g	Hackfleisch (Rind und Schwein)	Fleisch, Sambal Oelek, Ei und Salz beigeben, mischen. Von Hand sehr gut kneten, bis sich die Zutaten zu einer kompakten Masse verbinden. Masse zu einem ca. 25 cm langen Hackbraten formen.
1 EL	Sambal Oelek	
1	Ei	
1 TL	Salz	
16	Tranchen Bratspeck	Speck sich leicht überlappend auf ein mit Backpapier belegtes Blech legen. Salbeiblätter entlang der Mitte auf den Speck legen. Hackbraten darauflegen, Speck beidseitig mithilfe des Backpapiers über den Hackbraten legen. Braten umdrehen, sodass die Verschlussseite unten ist.
8	Salbeiblätter	
		Backen: ca. 40 Min. in der unteren Hälfte des Ofens.
800 g	mehlig kochende Kartoffeln	**Kartoffelstampf:** Kartoffeln schälen, in ca. 2 cm grosse Stücke schneiden. Wasser aufkochen, salzen, Kartoffeln beigeben, zugedeckt bei mittlerer Hitze ca. 20 Min. weich kochen. Butter beigeben, Kartoffeln mit dem Kartoffelstampfer zerstossen, zugedeckt beiseite stellen.
1½ dl	Wasser	
¾ TL	Salz	
25 g	Butter	
1 EL	Butter	**Whiskysauce:** Butter in einer Pfanne warm werden lassen. Salbei ca. 2 Min. andämpfen, Whisky und Bouillon dazugiessen, aufkochen. Maizena beigeben, ca. 5 Min. fertig köcheln, würzen. Sauce durch ein Sieb in ein Schälchen giessen.
1	Zweiglein Salbei	
¾ dl	Whisky	
3½ dl	Fleischbouillon	
2½ EL	Maizena express (Saucenbinder braun)	
	Salz, Pfeffer, nach Bedarf	

Portion (¼): 932 kcal, F 58 g, Kh 41 g, E 52 g

TIPP

Lässt sich vorbereiten
Sauce ca. 1 Tag im Voraus zubereiten, auskühlen. Hackbraten ca. ½ Tag im Voraus formen, beides zugedeckt im Kühlschrank aufbewahren. Hackbraten backen und Sauce kurz vor dem Servieren heiss werden lassen.

Dazu passen: Kartoffelstampf, Nüdeli oder Reis.

Lammhüftli mit roter Currysauce

⏱ 30 Min. + 40 Min. niedergaren   🍽 schlank   🌾 glutenfrei   🥛 laktosefrei

Für eine weite ofenfeste Form von ca. 2 Litern

4	**Lammhüftli** (je ca. 180 g)	Fleisch ca. 30 Min. vor dem Anbraten aus dem Kühlschrank nehmen. Ofen auf 80 Grad vorheizen, Platte, Schüssel und Teller vorwärmen.
1 EL 1½ EL ½ TL	**geröstetes Sesamöl** **rote Currypaste** **Salz**	Öl in einer unbeschichteten Bratpfanne heiss werden lassen. Fleisch rundum ca. 5 Min. anbraten. Herausnehmen, mit der Currypaste bestreichen, salzen, auf die vorgewärmte Platte legen. Fleischthermometer an der dicksten Stelle eines Lammhüftlis einstecken.
		Niedergaren: ca. 40 Min. in der Mitte des Ofens. Die Kerntemperatur soll ca. 55 Grad betragen.
600 g ½ TL	**Wirz** **geröstetes Sesamöl** zum Rührbraten **Salz**	Wirz längs in ca. 1 cm breite Streifen schneiden. Wenig Öl in derselben Pfanne heiss werden lassen. Hitze reduzieren, Wirz portionenweise je ca. 5 Min. rührbraten, salzen, warm stellen.
2½ EL 5 dl	**rote Currypaste** **Kokosmilch** **Salz**, nach Bedarf	Currypaste in derselben Pfanne kurz andämpfen. Kokosmilch dazugiessen, bei mittler Hitze ca. 8 Min. etwas einkochen, salzen. Lammhüftli evtl. tranchieren, mit Wirz und Currysauce auf den vorgewärmten Tellern anrichten.

Dazu passt: Parfüm- oder Basmatireis.

Portion (¼): 553 kcal, F 35 g, Kh 15 g, E 43 g

Der Wirz behält durchs Rührbraten seine kräftig grüne Farbe.

Gefüllter Kürbis mit Spinat

⏱ 20 Min. + 50 Min. backen   🥕 vegetarisch   👗 schlank

100 g	Weissbrot vom Vortag	Ofen auf 220 Grad vorheizen.
80 g	Pekannüsse	Brot in Würfeli schneiden, Nüsse und Cranberrys grob
60 g	getrocknete	hacken. Alles mit dem Öl in einer Schüssel mischen,
	Cranberrys	würzen, auf einem mit Backpapier belegten Blech verteilen.
3 EL	Olivenöl	
1 TL	Salz	
wenig	Pfeffer	

Backen: ca. 5 Min. in der Mitte des Ofens. Herausnehmen, mit dem Backpapier beiseite stellen.

2	Kürbisse	Kürbisse mit der Schale längs halbieren, Kerne herauslösen. Peperoncino entkernen, fein hacken, mit Öl
	(je ca. 1 kg, Butternut)	
1	roter Peperoncino	und Zimt mischen, Kürbisse damit bestreichen, salzen,
2 EL	Olivenöl	auf ein Blech legen.
1 Msp.	Zimt	
1 TL	Salz	

Backen: ca. 45 Min. in der Mitte des Ofens.

2½ dl	Wasser	Wasser und Aceto aufkochen. Maizena beigeben, unter
½ dl	Aceto balsamico	Rühren ca. 2 Min. köcheln, Zucker und Salz beigeben.
1 EL	Maizena express	Pfanne von der Platte nehmen. Butter in Stücke schneiden, nach und nach unter die Sauce rühren.
	(Saucenbinder braun)	
1 TL	Zucker	
½ TL	Salz	
25 g	Butter, kalt	

80 g	Blattspinat	Kürbisse herausnehmen, Spinat und beiseite gestellte Brot-Nuss-Mischung in die Kürbisse füllen, mit wenig Sauce beträufeln, restliche Sauce dazu servieren.

Portion (¼): 555 kcal, F 34 g, Kh 59 g, E 8 g

Lässt sich vorbereiten

Die Sauce können Sie ca. ½ Tag im Voraus zubereiten und zugedeckt beiseite stellen. Kurz vor dem Servieren nur noch heiss werden lassen.

Strudelpäckli surprise

⏱ 30 Min. + 25 Min. backen 🥕 vegetarisch

Für 4 ofenfeste Schälchen von je ca. 5½ dl, gefettet, bemehlt

1	Zwiebel	Zwiebel schälen, fein hacken. Rüebli schälen, in Stängelchen schneiden, Rosenkohl vierteln. Apfel entkernen, in Scheibchen schneiden.
300 g	Rüebli	
500 g	Rosenkohl	
1	Apfel	
1 EL	Butter	Butter in einer Pfanne warm werden lassen. Zwiebel andämpfen. Rüebli ca. 3 Min. mitdämpfen. Rosenkohl und Wasser beigeben, zugedeckt ca. 5 Min. knapp weich köcheln. Apfel daruntermischen, würzen, etwas abkühlen, gut abtropfen.
1 dl	Wasser	
¼ TL	Salz	
wenig	Pfeffer	
50 g	Butter	Ofen auf 200 Grad vorheizen. Butter in einer kleinen Pfanne schmelzen, etwas abkühlen. Teigblätter sorgfältig auseinanderfalten, mit wenig Butter bestreichen. Je zwei Teigblätter aufeinanderlegen. Teigspitzen zur Mitte falten, Teige in die vorbereiteten Schälchen legen. Käse in kleine Stücke schneiden, mit dem Gemüse in die Vertiefungen geben. Teigränder mit Wasser bestreichen, über das Gemüse legen, gut andrücken.
2 Päckli	Strudelteig (je ca. 120 g)	
300 g	Camembert	
		Backen: ca. 15 Min. in der unteren Hälfte des Ofens. Herausnehmen, Strudelpäckli auf ein mit Backpapier belegtes Blech stürzen, Schälchen entfernen.
		Fertig backen: ca. 10 Min. in der Mitte des Ofens.
1	Apfel	Vom Apfel das Kerngehäuse ausstechen, Apfel in feine Scheiben hobeln. Schnittlauch grob schneiden, Petersilienblätter zerzupfen, alles mit dem Zitronensaft und dem Öl mischen, mit den Strudelpäckli anrichten.
1 Bund	Schnittlauch	
½ Bund	glattblättrige Petersilie	
1 EL	Zitronensaft	
1 EL	Olivenöl	

Lässt sich vorbereiten: Strudelpäckli ca. ½ Tag im Voraus vorbereiten, zugedeckt kühl stellen. Kurz vor dem Servieren backen.

Portion (¼): 691 kcal, F 38 g, Kh 54 g, E 28 g

Entdecken Sie die wunderbar cremige Überraschung in der Füllung!

Osso buco mit oranger Gremolata

⏱ 20 Min. + 1¾ Std. schmoren   🫃 schlank   🌾 glutenfrei   🥛 laktosefrei

Für einen Brattopf

600 g	**Kürbis** (Butternut)	Ofen auf 180 Grad vorheizen.
2	**Zwiebeln**	Kürbis schälen, entkernen. 50 g Kürbis in feine Streifen schneiden, zugedeckt beiseite stellen, Rest in ca. 2 cm grosse Würfel schneiden. Zwiebeln schälen, in Schnitze schneiden.
4	**Kalbshaxen** (je ca. 250 g)	Die Haut der Haxen mehrmals einschneiden, mit Küchenschnur binden. Bratbutter im Brattopf heiss werden lassen. Haxen salzen, beidseitig je ca. 2 Min. anbraten. Herausnehmen, Hitze reduzieren, Bratfett auftupfen, evtl. wenig Bratbutter beigeben.
	Bratbutter zum Braten	
1 TL	**Salz**	
1	**Zimtstange**	Zwiebeln und Kürbiswürfel mit dem Zimt kurz anbraten. Pelati und Wasser beigeben, würzen, aufkochen. Hitze reduzieren, Haxen wieder beigeben.
1 Dose	**Pelati** (ca. 800 g)	
1 dl	**Wasser**	
1½ TL	**Salz**	
wenig	**Pfeffer**	
		Schmoren: zugedeckt ca. 1¾ Std. in der Mitte des Ofens.
1	**Bio-Zitrone**	Von der Zitrone wenig Schale zu den beiseite gestellten Kürbisstreifen reiben. Petersilie fein schneiden, mit dem Öl, dem Salz und dem Zimt beigeben, mischen, über die Haxen streuen.
1 Bund	**Petersilie**	
1 TL	**Olivenöl**	
¼ TL	**Salz**	
1 Prise	**Zimt**	

Dazu passen: Polenta oder Tagliatelle.

Portion (¼): 340 kcal, F 9 g, Kh 25 g, E 41 g

Schmoren Sie die Haxen schon am Vortag, sie schmecken langsam aufgewärmt noch aromatischer.

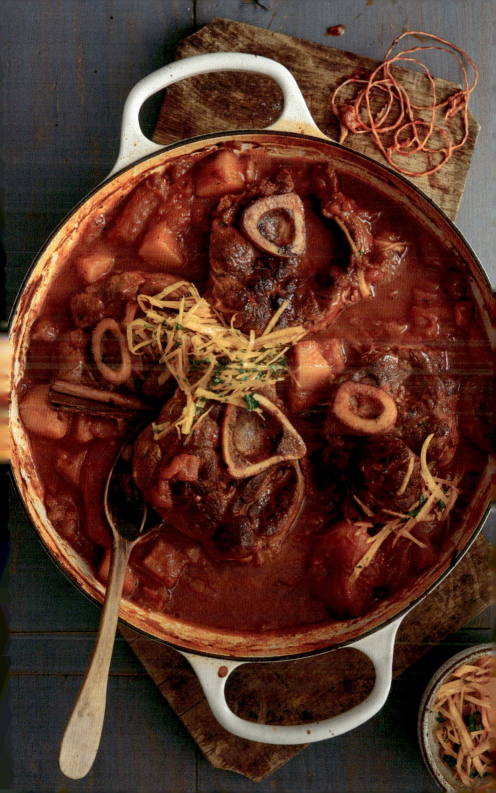

Kartoffelgratin

⏱ 20 Min. + 30 Min. backen   🥕 vegetarisch   ❄ glutenfrei

Für eine weite ofenfeste Form von ca. 3 Litern, gefettet

800 g	mehlig kochende Kartoffeln	Ofen auf 200 Grad vorheizen. Kartoffeln schälen, in ca. 2 mm dicke Scheiben direkt in eine Pfanne hobeln. Knoblauch dazupressen.
1	Knoblauchzehe	
3 dl	Milch	Milch und Rahm dazugiessen, würzen, mischen. Kartoffeln unter gelegentlichem Rühren bei mittlerer Hitze ca. 8 Min. köcheln, in die vorbereitete Form geben. Käse darüberstreuen.
1½ dl	Vollrahm	
wenig	Muskat	
1¼ TL	Salz	
70 g	geriebener Gruyère	

Backen: ca. 30 Min. in der oberen Hälfte des Ofens.

Portion (¼): 368 kcal, F 22 g, Kh 30 g, E 11 g

Lässt sich vorbereiten

Diesen Gratin können Sie entspannt vorbereiten. Erledigen Sie alles bis vors Backen ca. 1 Tag im Voraus. Gratin zugedeckt kühl stellen. Ca. 30 Min. vor dem Backen aus dem Kühlschrank nehmen.

Varianten
Bitte blättern

Bunt und aromatisch

Probieren Sie den Gratin auch einmal mit Süsskartoffeln, verwenden Sie nur 2 dl Milch und 1 TL Salz.

Würzen Sie kreativ

zum Beispiel mit ¼ TL Zimt, auch Paprika und Curry schmecken lecker.

Mit Zitrusnote

Abgeriebene Orangenschale verleiht Ihrem Gratin eine frische Note. Würzen Sie mit Curry.

Klassisch kombiniert

Mischen Sie Lauchringe oder -streifen unter die rohen Kartoffeln.

Einfache Deko

Creme mit Schokoladespänen verzieren.

Edle Deko

Mandarinenschalen mit dem Julienneschneider dünn abschälen, in Zucker wenden, Creme damit verzieren, Pistazien oder Cantucci, grob gehackt, darüberstreuen.

Rezept →

Mandarinencreme

⏱ 20 Min. + 2 Std. kühl stellen 🚫 glutenfrei

3 dl	Mandarinensaft	Mandarinensaft, Zitronensaft, Zucker, Maizena und Eier mit dem Schwingbesen in einer Pfanne gut verrühren. Unter Rühren bei mittlerer Hitze zum Kochen bringen. Sobald die Masse bindet, Pfanne sofort von der Platte nehmen, ca. 2 Min. weiterrühren. Creme durch ein Sieb in eine Schüssel giessen, Klarsichtfolie direkt auf die Creme legen, auskühlen. Creme ca. 2 Std. kühl stellen.
½ EL	Zitronensaft	
3 EL	Zucker	
2 EL	Maizena	
2	frische Eier	
1 dl	Vollrahm	Rahm steif schlagen. Creme glatt rühren, Schlagrahm darunterziehen, in Gläser füllen. Schokolade in feine Späne schneiden, darüberstreuen.
20 g	dunkle Schokolade	

Lässt sich vorbereiten: Creme ca. 1 Tag im Voraus zubereiten, in Gläser füllen, zugedeckt im Kühlschrank aufbewahren.

Portion (¼): 236 kcal, F 13 g, Kh 25 g, E 4 g

Deko mit gezuckerten Mandarinenschalen

1–2 Mandarinen waschen, trocken tupfen, Schalen mit einem Juliennemesser dünn abschälen, in Zucker wenden, Creme mit den Mandarinenstreifen verzieren (Bild S. 259).

Caramelisierte Birnen mit Streuseln

⏱ 40 Min. + 30 Min. kühl stellen

60 g	Mehl	Mehl, Zucker und Salz in einer Schüssel mischen. Butter in Stücke schneiden, beigeben, von Hand zu einer gleichmässig krümeligen Masse verreiben. Baumnusskerne fein hacken, daruntermischen. Wasser beigeben, rasch zu einem weichen Teig zusammenfügen, nicht kneten. Teig flach drücken, zugedeckt ca. 30 Min. kühl stellen.
1½ EL	Zucker	
1 Prise	Salz	
30 g	Butter	
40 g	Baumnusskerne	
1 EL	Wasser	
60 g	Zucker	Zucker, Wasser und Zitronensaft in einer weiten Pfanne ohne Rühren aufkochen. Hitze reduzieren, unter gelegentlichem Hin-und-her-Bewegen der Pfanne köcheln, bis ein goldbrauner Caramel entsteht. Pfanne von der Platte ziehen. Wasser dazugiessen, zugedeckt bei mittlerer Hitze köcheln, bis sich der Caramel aufgelöst hat. Birnen schälen, in ca. 1 cm dicke Scheiben schneiden. Birnen zum Caramel geben, zugedeckt ca. 4 Min. weich köcheln, dabei einmal wenden. Birnen im Caramel auskühlen.
1 EL	Wasser	
1 TL	Zitronensaft	
½ dl	Wasser	
4	Birnen (z. B. gute Luise)	
		Teig zerbröckeln, in einer heissen beschichteten Bratpfanne unter Wenden ca. 10 Min. goldbraun backen. Herausnehmen, auskühlen, über die Birnen streuen.

Portion (¼): 344 kcal, F 14 g, Kh 48 g, E 4 g

Lässt sich vorbereiten

Birnen und Streusel ca. 1 Tag im Voraus zubereiten. Birnen zugedeckt kühl stellen, Streusel in einer Dose gut verschlossen aufbewahren.

Passionsfrucht-Mango-Tiramisu

⏱ 15 Min. + 2 Std. kühl stellen

Für 4 Gläser von je ca. 2 dl

4	**Passionsfrüchte**	Passionsfrüchte halbieren, Fruchtfleisch herauslösen, mit Puderzucker mischen. Mango schälen, in Würfeli schneiden.
1 EL	**Puderzucker**	
1	**Mango** (ca. 350 g)	
250 g	**Mascarpone**	Mascarpone, Joghurt, Puderzucker und Milch verrühren. Löffelbiskuits in Stücke schneiden, in die Gläser verteilen. Die Hälfte der Passionsfrüchte darauf verteilen. Mascarponemasse und Mangowürfeli in die Gläser schichten, restliche Passionsfrüchte darauf verteilen. Tiramisu zugedeckt ca. 2 Std. kühl stellen.
180 g	**Joghurt nature**	
3 EL	**Puderzucker**	
3 EL	**Milch**	
4	**Löffelbiskuits**	

Lässt sich vorbereiten: Tiramisu ca. 1 Tag im Voraus zubereiten, in Gläser füllen, zugedeckt im Kühlschrank aufbewahren.

Portion (¼): 451 kcal, F 32 g, Kh 31 g, E 7 g

Für noch mehr Karibik-Feeling beträufeln Sie die Guetzli mit wenig Kokoslikör.

Clementinen-Grapefruit-Salat

⏱ 20 Min. + 5 Min. backen

2 8	**rosa Grapefruit** **Clementinen**	Von den Grapefruits Boden und Deckel, dann Schale ringsum bis auf das Fruchtfleisch wegschneiden. Fruchtfilets (Schnitze) mit einem scharfen Messer zwischen den weissen Häutchen herausschneiden, dabei Saft auffangen, in eine Pfanne geben. Von einer Clementine Saft dazupressen. Restliche Clementinen schälen, in Scheiben schneiden, zu den Grapefruits geben.
2 EL ¼ TL 1 EL	**Honig** **Kardamompulver** **Orangenlikör** (z. B. Grand Marnier), nach Belieben	Honig und Kardamom zum Saft geben, aufkochen. Pfanne von der Platte ziehen, auskühlen. Likör beigeben, über die Zitrusfrüchte giessen, sorgfältig mischen.
50 g	**Panettone**	Ofen auf 240 Grad vorheizen. Panettone in dünne Scheiben schneiden, auf ein mit Backpapier belegtes Blech legen.
200 g	**Fior-di-Latte-Glace**	**Rösten:** ca. 5 Min. in der Mitte des Ofens. Herausnehmen, mit dem Zitrussalat und der Glace anrichten.

Lässt sich vorbereiten: Panettone ca. 1 Tag im Voraus rösten, auskühlen, in einer Dose gut verschlossen aufbewahren. Zitrussalat ca. ½ Tag im Voraus zubereiten, zugedeckt beiseite stellen.

Portion (¼): 282 kcal, F 6 g, Kh 49 g, E 4 g

Auch sehr gut passen Zimt-, Vanille-, Stracciatella-Glace oder Mandarinensorbet.

Gebratene Ananas

⏱ 30 Min. + 8 Min. backen   🥛 laktosefrei

1 Päckli ¾ dl 1 EL 1 TL 1 EL	**Strudelteig** (ca. 120 g) **geröstetes Sesamöl** **flüssiger Honig** **schwarzer Sesam** **Kokosraspel**	Ofen auf 180 Grad vorheizen. Teigblätter sorgfältig auseinanderfalten. Teigblätter mit Sesamöl bestreichen, aufeinanderlegen, in feine Streifen schneiden, auf einem mit Backpapier belegten Blech verteilen. Honig mit dem restlichen Sesamöl verrühren, über den Teig träufeln. Sesam und Kokosraspel darüberstreuen.
		Backen: ca. 8 Min. in der Mitte des Ofens. Herausnehmen, auf einem Gitter auskühlen.
½ 1 EL 1 EL	**Ananas** (ca. 850 g) **geröstetes Sesamöl** **Rum,** nach Belieben	Ananas schälen, halbieren, in feine Scheiben schneiden. Öl in einer beschichteten Bratpfanne heiss werden lassen. Ananas portionenweise beidseitig je ca. 1½ Min. braten. Herausnehmen, Rum darüberträufeln, mit den Strudelstreifen anrichten.

Portion (¼): 333 kcal, F 19 g, Kh 32 g, E 4 g

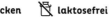

Lässt sich vorbereiten

Strudelteigstreifen ca. 1 Tag im Voraus backen, auskühlen, in einer Dose gut verschlossen aufbewahren. Ananas ca. ½ Tag im Voraus zubereiten, zugedeckt beiseite stellen. Ananas nach Belieben kurz vor dem Servieren warm werden lassen.

Winterliche Schokolademousse

⏱ 25 Min. + 2 Std. kühl stellen

120 g	**dunkle Schokolade**	Schokolade fein hacken, mit Rahm und Kirsch in einer dünnwandigen Schüssel über das nur leicht siedende Wasserbad hängen, sie darf das Wasser nicht berühren. Schokolade schmelzen, glatt rühren, ca. 15 Min. abkühlen.
½ dl	**Vollrahm**	
1 EL	**Kirsch** oder Rahm	
2½ dl	**Vollrahm**	Rahm mit dem Puderzucker und dem Lebkuchengewürz knapp steif schlagen, mit einem Gummischaber sorgfältig unter die Schokolade ziehen. Mousse in Gläser füllen, zugedeckt mind. 2 Std. kühl stellen.
2½ EL	**Puderzucker**	
¼ TL	**Lebkuchengewürz** oder Zimt	
30 g	**Lebkuchen**	Ofen auf 160 Grad vorheizen.
2 TL	**flüssiger Honig**	Lebkuchen in feine Scheiben schneiden, mit dem Honig bestreichen. Nüsse fein hacken, darüberstreuen, etwas andrücken.
1 EL	**ungesalzene Erdnüsse**	
		Backen: ca. 20 Min. in der Mitte des Ofens. Herausnehmen, auf einem Gitter auskühlen, mit der Mousse servieren.

Lässt sich vorbereiten: Mousse ca. 1 Tag im Voraus zubereiten, zugedeckt im Kühlschrank aufbewahren. Lebkuchen ca. 1 Tag im Voraus backen, auskühlen, in einer Dose gut verschlossen aufbewahren.

Portion (¼): 511 kcal, F 40 g, Kh 30 g, E 4 g

Ricotta-Glace mit Apfelschnitzen

⏱ 20 Min. + 5 Std. gefrieren ✲ glutenfrei

500 g	Ricotta
1	Bio-Orange
2 dl	Vollrahm
100 g	Puderzucker

Ricotta in eine Chromstahlschüssel geben. Von der Orange die Hälfte der Schale dazureiben, gut verrühren. Rahm mit dem Puderzucker steif schlagen, die Hälfte davon mit dem Schwingbesen unter den Ricotta rühren. Rest mit dem Gummischaber sorgfältig darunterziehen, zugedeckt ca. 4 Std. gefrieren, dabei 3-mal mit dem Schwingbesen gut durchrühren. Glace mit den Schwingbesen des Handrührgeräts geschmeidig rühren, nochmals ca. 1 Std. gefrieren.

500 g	rotschalige Äpfel
2 dl	Wasser
3 EL	Zucker
½ TL	Fenchelsamen oder Zimt
1 Prise	Salz

Äpfel in Schnitze schneiden. Wasser mit Zucker, Fenchelsamen und Salz in einer Pfanne aufkochen, auf die Hälfte einkochen. Hitze reduzieren, Äpfel beigeben, zugedeckt ca. 10 Min. knapp weich köcheln. Pfanne von der Platte nehmen, auskühlen.

Portion (¼): 567 kcal, F 34 g, Kh 52 g, E 11 g

Lässt sich vorbereiten

Ricotta-Glace ca. 2 Tage im Voraus zubereiten und gefrieren. Apfelkompott ca. ½ Tag im Voraus zubereiten, zugedeckt beiseite stellen.

Rezeptverzeichnis

Alphabetisch

A

Ananas, gebratene 268
Äpfel, Speck- 212
Äpfeln, Kalbsvoressen mit 168
Apfelschnitzen, Ricotta-Glace mit 272
Aprikosen-Mandel-Tarte 132
Artischocken-Fenchel-Salat 10
Auberginen, überbackene 106
Aufstrich, Focaccia mit Erbsli- 72
Avocado, Linsensalat mit Lachs und 154

B

Beerensauce, marinierter Lachs mit 88
Birnen mit Streuseln, caramelisierte 262
Birnenkompott, Marroni-Mousse auf 198
Blinis mit geräucherter Forelle 222
Blumenkohl-Spaghetti mit
 Rahmsauce 100
Bohnensalat, Roastbeef mit 118
Bowl mit Lachs, Salat- 18
Braten mit Petersilienwurzeln, Kalbs- 228
Braten mit Zwiebelsauce, Most- 182
Braten, Schmor- 240
Bündner Gerstensuppe 216
Bundrüebli-Salat, gebratener 20
Butter, Wolfsbarsch mit Rhabarber- 26

C

Cannelloni mit Eierschwämmli 110
Cannelloni, Spargel- 28
Caponata, Entrecôte mit 112
Caprese, Poulet 114
Caramelisierte Birnen mit Streuseln 262
Carpaccio, Kohlrabi- 16
Carpaccio, Randen- 150
Cherry-Tomaten-Salat, gebratener 84
Chicoréesalat mit Clementinen 220

Clementinen-Grapefruit-Salat 266
Cordon bleu mit Frühlingsgemüse 50
Cracker mit Spargeln 8
Creme mit Streuseln, Holunderblüten- 58
Creme, Mandarinen- 260
Crème-brûlée, Marroni- 196
Crevetten, marinierte 144
Crevetten-Topf, Poulet- 96
Crumble, Rhabarber-Erdbeer- 62
Curry mit Kokosfisch, Gemüse- 102
Curry mit Kürbis, Poulet- 186
Curry, Kichererbsen-Gemüse- 236
Currysauce, Lammhüftli mit roter 246

E

Ei, Kräuterrahmsuppe mit gebeiztem 12
Eierschwämmli, Cannelloni mit 110
Entrecôte mit Caponata 112
Erbsli-Aufstrich, Focaccia mit 72
Erbslimus, Käselachs mit 36
Erdbeer-Crumble, Rhabarber- 62
Erdbeertorte 68

F

Feigen und Käse, Süsskartoffeln mit 156
Fenchel, Knödel mit Steinpilzen und 164
Fenchel, Lammrack mit 34
Fenchel-Salat, Artischocken- 10
Feta-Pie, Spargel- 32
Filet im Teig mit Frischkäse 234
Filet mit Rhabarber und Pilaw, Speck- 38
Filet mit Rüebli und Rotweinsauce,
 Rinds- 44
Fisch, Gemüsecurry mit Kokos- 102
Fischtöpfli mit Venere-Risotto 232
Fleischkäse mit Kartoffelsalat,
 Kräuter- 46
Fleischvögel mit Safranreis 30
Focaccia mit Erbsli-Aufstrich 72

Forelle, Blinis mit geräucherter 222
Forellengratin, mediterraner 170
Fruchtiger Tomatensalat 90
Fruchtsalat mit Zitronensorbet 130
Frühlingsgemüse, Cordon bleu mit 50
Frühlingsgemüse, Schweinsrack mit 42

G

Gazpacho, Tomaten-Nektarinen- 78
Gebratene Ananas 268
Gebratener Bundrüebli-Salat 20
Gebratener Cherry-Tomaten-Salat 84
Gebratener Maissalat 152
Gefüllter Kürbis mit Spinat 248
Gemüse-Curry, Kichererbsen- 236
Gemüsecurry mit Kokosfisch 102
Gemüsequiche 116
Geräucherter Forelle, Blinis mit 222
Gerstensuppe, Bündner 216
Geschnetzeltes mit Rotkraut, Wild- 176
Glace mit Apfelschnitzen, Ricotta- 272
Grapefruit, Spinatsalat mit 22
Grapefruit-Salat, Clementinen- 266
Gratin mit Kürbis und Wurst, Pasta- 166
Gratin mit Varianten, Kartoffel- 254, 256
Gratin, mediterraner Forellen- 170
Gremolata, Osso buco mit oranger 252
Grissini mit Randen-Tzatziki, Nuss- 140
Gurkenrondellen mit Hummus 76

H

Hackbraten mit Sommergemüse 104
Hackbraten mit Whiskysauce 244
Herbstgemüse, Ofen-Schinkli mit 174
Himbeer-Quarktorte, Limetten- 126
Holunderblütencreme mit Streuseln 58
Hummus, Gurkenrondellen mit 76

K

Kalbsbraten mit Petersilienwurzeln 228
Kalbshaxen mit oranger Gremolata 252
Kalbsragout mit Zitrone 230
Kalbsvoressen mit Äpfeln 168
Kartoffelgratin mit Varianten 254, 256
Kartoffelsalat, Kräuterfleischkäse mit 46
Käse, Süsskartoffeln mit Feigen und 156
Käselachs mit Erbslimus 36
Käsetoast, rote Peperonisuppe mit 80
Kernen-Knusperli mit Obazda 210
Kichererbsen-Gemüse-Curry 236
Kirschen-Trifle 128
Knödel mit Steinpilzen und Fenchel 164
Knöpfli zum Vorbereiten mit
 Varianten 188, 190
Knusperkörbchen, Nüsslisalat im 218
Knusprige Pouletschenkel mit
 Ofenmais 108
Kohlrabi-Carpaccio 16
Kokos-Kürbis-Suppe 146
Kokosfisch, Gemüsecurry mit 102
Kompott, Marroni-Mousse auf Birnen- 198
Kompott, Panna cotta mit Rhabarber- 64
Kompott, Vanillemousse mit
 Zwetschgen- 200
Köpfli mit Trauben, Sauerrahm- 204
Kräuterfleischkäse mit Kartoffelsalat 46
Kräuterknöpfli mit Morchelsauce 40
Kräuterrahmsuppe mit gebeiztem Ei 12
Kräutersalat auf Wassermelone 86
Kürbis mit Sbrinz, marinierter 208
Kürbis mit Spinat, gefüllter 248
Kürbis und Wurst, Pastagratin mit 166
Kürbis, Pouletcurry mit 186
Kürbis, Randenrisotto mit
 gebackenem 238
Kürbis, Rindshuft mit 162
Kürbissalat, roher 158

Rezeptverzeichnis

L

Lachs mit Beerensauce, marinierter 88
Lachs mit Erbslimus, Käse- 36
Lachs mit Ofengemüse und Orangen 242
Lachs, Salat-Bowl mit 18
Lammhüftli mit roter Currysauce 246
Lammrack mit Fenchel 34
Landjäger und Ofen-Frites,
   Saftplätzli mit 178
Leichte Spargelsuppe 14
Limetten-Himbeer-Quarktorte 126
Linsensalat mit Lachs und Avocado 154
Linzertorte, Rhabarber- 66

M

Mais, knusprige Pouletschenkel
   mit Ofen- 108
Maissalat, gebratener 152
Mandarinencreme 260
Mandel-Tarte, Aprikosen- 132
Mango-Tiramisu, Passionsfrucht- 264
Marinierte Crevetten 144
Marinierter Kürbis mit Sbrinz 208
Marinierter Lachs mit Beerensauce 88
Marroni-Crème-brûlée 196
Marroni-Mousse auf Birnenkompott 198
Marroni-Suppe, Pilz- 148
Mediterraner Forellengratin 170
Melonen-Rohschinken-Spiessli 74
Morcheln, Poulet mit Spargeln und 48
Morchelsauce, Kräuterknöpfli mit 40
Mostbraten mit Zwiebelsauce 184
Mousse mit Zwetschgenkompott,
   Vanille- 200
Mousse, winterliche Schokolade- 270

N

Nektarinen-Gazpacho, Tomaten- 78
Nektarinen-Pflaumen-Tiramisu 136
Nuss-Grissini mit Randen-Tzatziki 140
Nüsslisalat im Knusperkörbchen 218

O

Obazda, Kernen-Knusperli mit 210
Ofen-Frites, Saftplätzli mit Landjäger
   und 178
Ofen-Schinkli mit Herbstgemüse 174
Ofengemüse und Orangen, Lachs mit 242
Ofenmais, knusprige Pouletschenkel
   mit 108
Osso buco mit oranger Gremolata 252

P

Panna cotta mit Rhabarberkompott 64
Passionsfrucht-Mango-Tiramisu 264
Pastagratin mit Kürbis und Wurst 166
Peperoni mit Venere-Reis, Spitz- 98
Peperonisuppe mit Käsetoast, rote 80
Petersilienwurzeln, Kalbsbraten mit 228
Pfirsich-Syllabub 134
Pflaumen-Tiramisu, Nektarinen- 136
Pie, Spargel-Feta- 32
Pilaw, Speckfilet mit Rhabarber und 38
Pilz-Marroni-Suppe 148
Portweinsuppe, weisse 214
Poulet Caprese 114
Poulet mit Spargeln und Morcheln 48
Poulet-Crevetten-Topf 96
Poulet-Stroganoff 180
Pouletcurry mit Kürbis 186
Pouletschenkel mit Ofenmais,
   knusprige 108

Q

Quarktorte, Limetten-Himbeer- 126
Quiche, Gemüse- 116
Quitten, Rotwein- 194

R

Rack mit Fenchel, Lamm- 34
Rack mit Frühlingsgemüse, Schweins- 42
Radiesli-Toasts 6
Ragout mit Zitrone, Kalbs- 230
Rahmsauce, Blumenkohl-Spaghetti
    mit 100
Randen-Carpaccio 150
Randen-Tzatziki, Nuss-Grissini mit 140
Randenrisotto mit gebackenem Kürbis 238
Reis, Spitz-Peperoni mit Venere- 98
Rhabarber und Pilaw, Speckfilet mit 38
Rhabarber-Erdbeer-Crumble 62
Rhabarber-Linzertorte 66
Rhabarberbutter, Wolfsbarsch mit 26
Rhabarberkompott, Panna cotta mit 64
Ricotta-Glace mit Apfelschnitzen 272
Rindsfilet im Teig mit Frischkäse 234
Rindsfilet mit Rüebli und Rotweinsauce 44
Rindshuft mit Kürbis 162
Risotto mit gebackenem Kürbis,
    Randen- 238
Risotto zum Vorbereiten und
    Varianten 52, 54
Risotto, Fischtöpfli mit Venere- 232
Roastbeef mit Bohnensalat 118
Roher Kürbissalat 158
Rohschinken-Spiessli, Melonen- 74
Rösti-Tätschli und Varianten 120, 122
Rote Peperonisuppe mit Käsetoast 80
Rotkraut, Wildgeschnetzeltes mit 176
Rotwein-Quitten 194

S

Safranreis, Fleischvögel mit 30
Saftplätzli mit Landjäger und
    Ofen-Frites 178
Salami-Tatar 142
Salat auf Wassermelone, Kräuter- 86
Salat im Knusperkörbchen, Nüssli- 218
Salat mit Clementinen, Chicorée- 220
Salat mit Grapefruit, Spinat- 22
Salat mit Lachs und Avocado, Linsen- 154
Salat mit Zitronensorbet, Frucht- 130
Salat mit Zucchiniblüten, Zucchini- 82
Salat, Artischocken-Fenchel- 10
Salat, Clementinen-Grapefruit- 266
Salat, fruchtiger Tomaten- 90
Salat, gebratener Bundrüebli- 20
Salat, gebratener Cherry-Tomaten- 84
Salat, gebratener Mais- 152
Salat, Roastbeef mit Bohnen- 118
Salat, roher Kürbis- 158
Salat, Sellerie- 224
Salat-Bowl mit Lachs 18
Sauce, Hackbraten mit Whisky- 244
Sauce, Kräuterknöpfli mit Morchel- 40
Sauce, Lammhüftli mit roter Curry- 246
Sauce, marinierter Lachs mit Beeren- 88
Sauce, Mostbraten mit Zwiebel- 184
Sauce, Rindsfilet mit Rüebli und
    Rotwein- 44
Sauerrahm-Köpfli mit Trauben 204
Sbrinz, marinierter Kürbis mit 208
Schinkli mit Herbstgemüse, Ofen- 174
Schmorbraten 240
Schokolademousse, winterliche 270
Schupfnudeln mit Tofu und Trauben 172
Schweinsrack mit Frühlingsgemüse 42
Selleriesalat 224

Rezeptverzeichnis

Sommer-Tajine 94
Sommergemüse, Hackbraten mit 104
Sorbet mit Fruchtsalat, Zitronen- 130
Spaghetti mit Rahmsauce,
    Blumenkohl- 100
Spargel-Cannelloni 28
Spargel-Feta-Pie 32
Spargeln und Morcheln, Poulet mit 48
Spargeln, Cracker mit 8
Spargelsuppe, leichte 14
Spätzli zum Vorbereiten mit
    Varianten 188, 190
Speckfilet mit Rhabarber und Pilaw 38
Speckäpfel 212
Spiessli, Melonen-Rohschinken- 74
Spinat, gefüllter Kürbis mit 248
Spinatsalat mit Grapefruit 22
Spitz-Peperoni mit Venere-Reis 98
Steinpilzen und Fenchel, Knödel mit 164
Streuseln, caramelisierte Birnen mit 262
Streuseln, Holunderblütencreme mit 58
Stroganoff, Poulet- 180
Strudelpäckli surprise 250
Suppe mit gebeiztem Ei, Kräuterrahm- 12
Suppe mit Käsetoast, rote Peperoni- 80
Suppe, Bündner Gersten- 216
Suppe, Kokos-Kürbis- 146
Suppe, leichte Spargel- 14
Suppe, Pilz-Marroni- 148
Suppe, weisse Portwein- 214
Süsskartoffeln mit Feigen und Käse 156
Syllabub, Pfirsich- 134

T

Tafelspitz 182
Tajine, Sommer- 94
Tarte, Aprikosen-Mandel- 132
Tartes Tatin mit Zimtrahm 202
Tatar, Salami- 142
Tätschli mit Varianten, Rösti- 120, 122
Tiramisu, Nektarinen-Pflaumen- 136
Tiramisu, Passionsfrucht-Mango- 264
Toasts, Radiesli- 6
Tofu und Trauben, Schupfnudeln mit 172
Tomaten-Nektarinen-Gazpacho 78
Tomaten-Salat, gebratener Cherry- 84
Tomatensalat, fruchtiger 90
Topf, Poulet-Crevetten- 96
Törtchen, Zitronen- 60
Torte, Erdbeer- 68
Torte, Limetten-Himbeer-Quark- 126
Trauben, Sauerrahm-Köpfli mit 204
Trifle, Kirschen- 128
Tzatziki, Nuss-Grissini mit Randen- 140

U

Überbackene Auberginen 106

V

Vanillemousse mit
    Zwetschgenkompott 200
vegan
• Artischocken-Fenchel-Salat 10
• Chicoréesalat mit Clementinen 220
• Gurkenrondellen mit Hummus 76
• Kohlrabi-Carpaccio 16
• Kokos-Kürbis-Suppe 146
• Kräutersalat auf Wassermelone 86

vegetarisch
- Blumenkohl-Spaghetti mit Rahmsauce 100
- Cannelloni mit Eierschwämmli 110
- Cracker mit Spargeln 8
- Focaccia mit Erbsli-Aufstrich 72
- Fruchtiger Tomatensalat 90
- Gebratener Bundrüebli-Salat 20
- Gebratener Cherry-Tomaten-Salat 84
- Gefüllter Kürbis mit Spinat 248
- Gemüsequiche 116
- Kartoffelgratin 254, 256
- Kernen-Knusperli mit Obazda 210
- Kichererbsen-Gemüse-Curry 236
- Knödel mit Steinpilzen und Fenchel 164
- Knöpfli 188, 190
- Kräuterknöpfli mit Morchelsauce 40
- Kräuterrahmsuppe mit gebeiztem Ei 12
- Leichte Spargelsuppe 14
- Marinierter Kürbis mit Sbrinz 208
- Nuss-Grissini mit Randen-Tzatziki 140
- Pilz-Marroni-Suppe 148
- Radiesli-Toasts 6
- Randen-Carpaccio 150
- Randenrisotto mit gebackenem Kürbis 238
- Risotto 52, 54
- Roher Kürbissalat 158
- Rösti-Tätschli 120, 122
- Rote Peperonisuppe mit Käsetoast 80
- Schupfnudeln mit Tofu und Trauben 172
- Selleriesalat 224
- Spargel-Feta-Pie 32
- Spätzli 188, 190
- Spinatsalat mit Grapefruit 22
- Spitz-Peperoni mit Venere-Reis 98
- Strudelpäckli surprise 250
- Süsskartoffeln mit Feigen und Käse 156
- Tomaten-Nektarinen-Gazpacho 78
- Überbackene Auberginen 106
- Weisse Portweinsuppe 214
- Zucchinisalat mit Zucchiniblüten 82

Venere-Reis, Spitz-Peperoni mit 98
Venere-Risotto, Fischtöpfli mit 232
Voressen mit Äpfeln, Kalbs- 168

W

Wassermelone, Kräutersalat auf 86
Weisse Portweinsuppe 214
Whiskysauce, Hackbraten mit 244
Wildgeschnetzeltes mit Rotkraut 176
Winterliche Schokoladenmousse 270
Wolfsbarsch mit Rhabarberbutter 26
Wurst, Pastagratin mit Kürbis und 166

Z

Zimtrahm, Tartes Tatin mit 202
Zitrone, Kalbsragout mit 230
Zitronensorbet, Fruchtsalat mit 130
Zitronentörtchen 60
Zucchinisalat mit Zucchiniblüten 82
Zwetschgenkompott, Vanillemousse mit 200
Zwiebelsauce, Mostbraten mit 184

Hinweise

Alle Rezepte in diesem Buch sind, wo nicht anders vermerkt, für 4 Personen berechnet.

Massangaben
Alle in den Rezepten angegebenen Löffelmasse entsprechen dem Betty Bossi Messlöffel.

Ofentemperaturen
Gelten für das Backen mit Ober- und Unterhitze. Beim Backen mit Heissluft verringert sich die Backtemperatur um ca. 20 Grad. Beachten Sie die Hinweise des Backofenherstellers.

Nährwertberechnung
Ist bei einer Zutat eine Alternative erwähnt, wird immer die erstgenannte Zutat berechnet. Nur wenn Alkohol in einem Rezept vollständig eingekocht wird, enthält er keine Kalorien mehr. Wird er zur Hälfte eingekocht, enthält er die Hälfte an Kalorien, ansonsten wird er voll berechnet.

Quellennachweis
Das im Buch abgebildete Geschirr und Besteck sowie die Dekorationen stammen aus Privatbesitz.

Digitale Kochbücher

Exklusiv für Abonnenten

Besitzen Sie ein oder mehrere Betty Bossi Kochbücher?

Dann loggen Sie sich ein oder registrieren Sie sich jetzt als Abonnent/in – es lohnt sich: Alle* **Ihre Bücher sind dann online unter «Meine Rezepte» abrufbar.**
So haben Sie ab sofort auch **von unterwegs** jederzeit Zugriff auf alle Ihre Rezepte.

1. Besitzen Sie Betty Bossi Kochbücher?
2. Registrieren oder einloggen unter bettybossi.ch
3. Ihre Rezepte digital verfügbar

Gilt für alle Betty Bossi Kochbücher, die digital zur Verfügung stehen und vom Abonnenten direkt bei Betty Bossi gekauft wurden.

Bestellen Sie mit der nachfolgenden Bestell-Karte oder unter bettybossi.ch

Apéro & Fingerfood `288 Seiten`

Servieren Sie Ihren Lieben zum Apéro herrliche Knabbereien, Spiessli mit Dips, Feines im Glas oder Schälchen, vielfältiges Apéro-Gebäck und überraschende Häppchen.

→ Art. 27122.998

Backen in der Weihnachtszeit

Neue Ideen für eine stimmungsvolle Adventszeit: 35 Sorten schnelle, einfache und traditionelle Guetzli, weihnachtliche Gugelhöpfe, Glühwein-Mini-Savarins, Stollen, Lebkuchen, Biberli, Birnenweggen, Grittibenzen und Dreikönigskuchen.

→ Art. 27028.998

Betty Bossi Backbuch

Schweizer Klassiker, die jeder liebt sowie bewährte Erfolgsrezepte zu Torten und Kuchen aller Art. Dazu weitere gluschtige Rezepte und Tipps rund um den Backofen. Das beliebte Backbuch sollte in keinem Haushalt fehlen.

→ Art. 20003.998

Blechkuchen & Brownies

Schnell den perfekten Kuchen für eine Party backen? Hier finden Sie die beliebtesten Blechkuchen, unwiderstehliche Tartes, die besten Cheesecakes und Brownies.

→ Art. 27094.998

Brot & Brötchen `288 Seiten`

Der einfachste Weg zum perfekten Brot! Ausführliche Brotbackschule und 100 Rezepte für knuspriges Brot, duftende Brötchen, Sonntagszopf, Vollkorn- und Sauerteigbrote.

→ Art. 27118.998

Brunch

Tolle Ideen für Ihren Brunch: kleine Delikatessen im Glas, knusprige, süsses und pikantes Gebäck. Dazu überraschende Ideen rund um Brot und Ei. Dann das süsse Finale für alle Naschkatzen und Desserttiger.

→ Art. 27058.998

Das andere Grillierbuch

Milde und pikante Marinaden, Geflügel, Fisch oder Fleisch, feines Gemüse, aromatische Früchte und raffinierte Beilagen. Rezepte für den Grill, aber auch für Backofen oder Grillpfanne. Dazu Tipps und Tricks rund um Feuer und Glut.

→ Art. 20904.998

Das grosse Betty Bossi Kochbuch `480 Seiten`

Das Basiskochbuch darf in keiner Küche fehlen. Es ist Nachschlagewerk und Inspirationsquelle für alle, vom Einsteiger bis zum Kochprofi, mit allen Grundrezepten samt Varianten, über 600 Bildern und noch mehr Tipps.

→ Art. 27018.998

Das grosse Dessertbuch `288 Seiten`

Fruchtige Cremen, luftige Mousses, schnelles Gebäck, Panna cotta: Klassiker und viele neue Inspirationen. Ein Dessert-Eldorado für alle grossen und kleinen Naschkatzen.

→ Art. 27128.998

Das neue Guetzlibuch

Klassische Weihnachtsguetzli mit neuen Kreationen und die feinsten Schoggiguetzli zum Verwöhnen. Köstliche Guetzli, schnell gemacht, und eine Auswahl der besten Vollkornguetzli. Dazu Ideen für hübsche Verpackungen.

→ Art. 20902.998

Das neue Salatbuch

Für Salatgenuss rund ums Jahr: raffinierte Vorspeisen, leichte Hauptgerichte und schnelle Beilagen. Dazu 3 Salat-Buffets mit Vorbereitungstipps, über 70 Salatsaucen sowie wertvolle Informationen rund um den Salat.

→ Art. 27000.998

Die beliebtesten 50 Rezepte

Die Top-50-Rezepte von Betty Bossi: Diese Lieblingsrezepte werden am meisten gesucht und gekocht: von A wie Älplermagronen bis Z wie Zopf. Glänzende Augen garantiert!

→ Art. 27136.998

Die neue Fleischküche `320 Seiten`

Das Standard-Werk mit vielen neuen Rezepten, bekannten und neuen Techniken: Schmoren, Niedergaren oder Braten, Räuchern, Garen in der Salzkruste oder im Heu, Confieren und Sous-vide.

→ Art. 27078.998

Echt italienisch `320 Seiten`

Wir laden Sie ein zu einer kulinarischen Italienreise durch alle Regionen unseres südlichen Nachbarlandes. Es gibt neben heiss geliebten Traditionsrezepten auch viel Neues zu entdecken! Mediterrane Küche zum Schwelgen.

→ Art. 27068.998

Einfach asiatisch `320 Seiten`

Die beliebtesten Gerichte und Neuentdeckungen aus den beliebtesten asiatischen Ländern: Thailand, Vietnam, China, Japan, Indonesien, Malaysia und Indien. Die Rezepte sind einfach nachzukochen, leicht und gesund.

→ Art. 27054.998

Entspannt verwöhnen `288 Seiten`

Herrliche Verwöhnrezepte für Apéro, Vorspeisen, Hauptgerichte, Beilagen und Desserts: Alles lässt sich vorbereiten, Sie geniessen entspannt die Zeit mit Ihren Lieben.

→ Art. 27130.998

Festtage zum Geniessen

Mit diesen Hitrezepten wird Weihnachten, Silvester und jeder andere Feiertag zum kulinarischen Fest – für alle. Mit der richtigen Rezeptauswahl geniessen auch die Gastgeber in brillanter und entspannter Festtagslaune.

→ Art. 27056.998

Fisch und Meeresfrüchte

Gesund, leicht, raffiniert und vielseitig: neue, köstliche Rezepte für Vorspeisen, Suppen, Salate und Hauptgerichte. Dazu einige superschnelle Kreationen sowie Tipps für nachhaltigen Fischgenuss.

→ Art. 27050.998

Fruchtig-süsse Wähen

Überraschende Kreationen: fruchtig süsse Wähen mit cremigem Guss, knusprigem Teig und vielen frischen Früchten für alle Jahreszeiten. Genuss pur.

→ Art. 27102.998

Fruchtige Tiramisu

Viele neue Tiramisu-Rezepte für jede Saison: mit farbenfrohen Früchten und feinsten Aromen, schnellen, einfachen Ideen und edlen Varianten mit Wow-Effekt.

→ Art. 27120.998

Gemüselust   `320 Seiten`

Die neue, kreative Gemüseküche: eine Schlemmerreise durch alle Jahreszeiten mit farbenfrohen, gesunden und leckeren Gemüsegerichten – mit und ohne Fleisch.

→ Art. 27100.998

Gesund & schlank Band 1

Mit Genuss essen, satt werden und dabei erst noch gesund abnehmen. Mit feinen und ausgewogenen Rezepten zum persönlichen Wohlfühlgewicht. Zusätzliche Unterstützung bietet der hilfreiche Ratgeberteil.

→ Art. 27064.998

Gesund & schlank Band 2   `320 Seiten`

Band 2 mit 320 Seiten bietet über 150 neue Rezepte zum Abnehmen mit Genuss: Frühstück, Lunch, Nachtessen und Desserts – für alle Jahreszeiten. Zusätzliche Unterstützung bietet der hilfreiche Ratgeberteil.

→ Art. 27076.998

Gesund & schlank Band 3   `320 Seiten`

Gesunde Rezepte zum Abnehmen, in nur 30 Minuten servierbereit. Dank individueller Menükombination (Low-Carb, ausbalanciert oder vegetarisch) genussvoll abnehmen.

→ Art. 27092.998

Gesund & schlank Band 4 — 320 Seiten

Mit unserem Menüplan spielend 3 kg in nur 3 Wochen verlieren, sich dabei satt und vital fühlen. Dazu viele neue Rezepte mit Superfoods für weiteren Gewichtsverlust.

→ Art. 27098.998

Gesund & schlank Band 5 — 320 Seiten

Abnehmen mit einheimischen super Foods. 3 Menüpläne für je 2 Wochen: Low Carb, balanced, vegi, mit 6 Kurzprogrammen und Ratgeberteil für mehr Energie und Lebensfreude.

→ Art. 27108.998

Gesund & schlank Band 6 — 288 Seiten

Abnehmen mit Low Carb, genussvoll, alltagstauglich und abwechslungsreich: 3-Wochen-Programm, Quick Lunches, 50 Lieblingsrezepte und praktischer Ratgeberteil.

→ Art. 27116.998

Gesund & schlank Band 7 — 288 Seiten

Abnehmen im Alltag – schnell und einfach! Clevere Ideen, wie Mahlzeiten in wenigen Minuten vorbereitet sind. Dazu viele Tipps, wie Abnehmen auch mit Familie gelingt.

→ Art. 27132.998

Gesund kochen

Gut erhältliche Zutaten und schnelle Rezepte für viel ausgewogenen Genuss, auch im hektischen Alltag. Dazu praxisorientierte Tipps für einen gesunden Familienalltag.

→ Art. 27080.998

Gratins & ...

Lust auf einen heissen Flirt? Dann aufgepasst: Diese Gratins und Aufläufe verführen Sie nach allen Regeln der Kunst. Die Kapitel: die Schnellen, die Leichten, zum Vorbereiten, die Edlen (für Gäste) und Fixes vom Blech.

→ Art. 27060.998

Grill-Beilagen

Die beliebtesten Beilagen zu Grilladen: Klassische und moderne Sattmacher- und Gemüsesalate, Beilagen vom Grill und aus dem Ofen, dazu feine Dips und Saucen.

→ Art. 27152.998

Gschnätzlets & Ghackets

Schnell, gut, günstig: kleine Mahlzeiten, Vorspeisen, Pasta-Saucen, Eintöpfe, Gerichte aus dem Ofen, Gschnätzlets und Ghackets mit feinen Saucen, Hamburger- und Tatar-Variationen. Dazu Tipps und eine Pannenhilfe für Saucen.

→ Art. 27026.998

Herzlich eingeladen `320 Seiten`

Fingerfood, Vorspeisen, Hauptgerichte und Desserts – von unkompliziert bis gediegen. Viele Tipps und Tricks zum Vorbereiten und auch für vegetarische Varianten.

→ Art. 27090.998

Heute kocht mein Ofen `288 Seiten`

Das Kochen im Ofen ist praktisch, schnell vorbereitet und ganz entspannt. Ob für Familie, Freunde oder Gäste. Ideen für jede Gelegenheit rund ums Jahr.

→ Art. 27112.998

Kuchenduft `320 Seiten`

Viele neue Rezepte für alle Jahreszeiten, jede Gelegenheit und jedes Talent: wunderbare Kuchen, Cakes und Torten. Dazu inspirierende Dekorationsideen und viele Tipps und Tricks, damit Ihre Kunstwerke sicher gelingen.

→ Art. 27074.998

Lava Cakes

Lava Cakes verführen mit ihrem cremigflüssigen Kern in vielen Varianten. Die Küchlein surprise halten eine süsse Überraschung im Innern bereit. Zum Dahinschmelzen!

→ Art. 27138.998

Luftig leichte Desserts

Wunderbar leichte Dessertideen für jede Jahreszeit: samtige Cremen, luftige Mousses, Panna cotta, Puddings und Glacen zum Dahinschmelzen. Mit vielen Deko-Tipps.

→ Art. 27082.998

Lustvoll vegetarisch `320 Seiten`

Heute kochen namhafte Köche fleischlose Gerichte auf höchstem Niveau – mit grossem Erfolg. Auch privat geniessen immer mehr Leute vegetarisch. Höchste Zeit also für ein umfangreiches Buch voller köstlicher Vegi-Ideen.

→ Art. 27072.998

Neue Gemüseküche

Bunt, gesund und kreativ: neue, einfache Rezepte mit einheimischem Gemüse, speziell für den Alltag geeignet. Beilagen, leichte Vorspeisen, feine Salate und unkomplizierte Hauptgerichte. Mit cleveren Tipps und einer Saisontabelle.

→ Art. 27034.998

Niedergaren – leicht gemacht

Zarter und saftiger kann Fleisch nicht sein! Die besten Stücke von Rind, Kalb, Schwein, Lamm, Kaninchen, Reh und Geflügel. Dazu 65 neue, raffinierte Saucen, viele Marinaden, Tipps und Tricks unserer Profis.

→ Art. 27010.998

Pasta `320 Seiten`

Pasta, von einfach bis luxuriös: One Pot Pasta, 60 schnelle Pastasaucen, tolle Pastagerichte, heiss Geliebtes aus dem Ofen und Pasta deluxe für Verwöhnmomente.

→ Art. 27096.998

Restenlos geniessen `320 Seiten`

355 clevere Tipps und viele feine Rezepte gegen Food Waste zu Hause. Kosten Sie ab sofort Ihre Lebensmittel restlos und genüsslich aus – bis zum letzten Krümel.

→ Art. 27110.998

Rouladen

Entdecken Sie viele neue Rezepte für fruchtige Rouladen rund ums Jahr, zartschmelzende Ideen mit Schokolade und Caramel ... Auch pikante Überraschungen zum Apéro, mh!

→ Art. 27140.998

Schnell & einfach Band 1 `224 Seiten`

100 Lieblingsrezepte aus der Betty Bossi Zeitung. Die «schnell & einfach» –Rezepte sind in nur 30 Minuten zubereitet. 25 schnelle und feine Ideen für jede Jahreszeit.

→ Art. 27088.998

Schnell & einfach Band 2 `224 Seiten`

Nach dem Bestseller 2015 erscheint neu Band 2: Er enthält Ihre 100 beliebtesten Rezepte aus der Rubrik «schnell & einfach» der Betty Bossi Zeitung von 2015 bis 2019.

→ Art. 27154.998

Schwiizer Chuchi `320 Seiten`

Traditionsreiche Klassiker, neue, marktfrische Küche mit einheimischen Zutaten. Dazu Klassiker, neu interpretiert: aus denselben Zutaten ist ein neues Gericht entstanden, aber immer noch «ächt schwiizerisch».

→ Art. 27046.998

Topfbrote

Herrlich krosse Kruste, luftig feuchte Krume! Auch Teige ohne Kneten. Brot-Lieblingen wie Ruchbrot und viele neue Kreationen, auch Überraschungsbrote mit Wow-Effekt.

→ Art. 27162.998

Zart gegart `320 Seiten`

Kalb, Rind, Schwein, Lamm, Geflügel und Fisch: so zart und saftig! Niedergaren, Sous-vide und 120-Grad-Methode für edle und preiswerte Stücke mit Beilagen und Saucen.

→ Art. 27104.998

Ein Abo mit vielen Vorteilen

Betty Bossi Zeitung
10-mal pro Jahr beliebte saisonale Rezepte

- ✅ Rezepte für die kreative Alltagsküche und fürs Wochenende
- ✅ Mit der bewährten Betty Bossi Geling-Garantie!
- ✅ Viele clevere Tipps & Tricks

Betty Bossi App
Mit Ihrem Abo haben Sie vollen Zugriff auf alle Rezepte in der App

- ✅ Inklusive aller Zeitungsrezepte
- ✅ Favoriten speichern
- ✅ Tägliche Koch- und Back-Inspirationen

Abo-Vorzugspreise
Dank Ihrem Abo profitieren Sie von den exklusiven Vozugspreisen auf Betty Bossi Produkte und neue Kochbücher.

Digitale Kochbücher
Mit einem aktiven Abo haben Sie gratis Zugriff auf die digitalen Versionen aller von Ihnen bei uns gekauften Betty Bossi Bücher.

Bestellen Sie mit der nachfolgenden Bestell-Karte oder unter bettybossi.ch/abos

Betty Bossi Print & Digital

Bestell-Karte
Betty Bossi Print & Digital

Ihre Abo-Vorteile

- 10 Ausgaben mit beliebten saisonalen Rezepten, die sicher gelingen!
- Betty Bossi App mit täglichen Inspirationen und allen Rezepten aus der Zeitung.
- Cleuere Betty Bossi Produkte zum exklusiven Vorzugspreis für Abonnenten.
- Gratis-Zugriff auf die digitalen Versionen aller bei uns gekauften Betty Bossi Bücher.

☐ **Ja,** ich bestelle ein Jahres-Abo Betty Bossi Print & Digital (10 Ausgaben) für nur Fr. 29.90*

Gewünschte Sprache
☐ deutsche Ausgabe (6510000.998)
☐ französische Ausgabe (6520000.998)

Die Rechnung geht an ☐ Frau ☐ Herr

Name

Vorname

Strasse

PLZ/Ort

*Jahres-Abo: Preis Inland: Fr. 29.90, Preis Ausland: Fr. 38.–. Preisänderungen vorbehalten.

Bestell-Karte
Geschenk-Abo

Und so einfach gehts

1. Bestell-Karte vollständig ausfüllen und an uns senden.
2. Sie erhalten mit der Rechnung eine Geschenk-Karte, mit der Sie die beschenkte Person persönlich informieren können.

☐ **Ja,** ich bestelle ein Geschenk-Jahres-Abo Betty Bossi Print & Digital (10 Ausgaben) für nur Fr. 29.90*

Gewünschte Sprache
☐ deutsche Ausgabe (6510000.998)
☐ französische Ausgabe (6520000.998)

Das Abo ist für ☐ Frau ☐ Herr

Name

Vorname

Strasse

PLZ/Ort

Die Rechnung geht an ☐ Frau ☐ Herr

Name

Vorname

Strasse

PLZ/Ort

*Jahres-Abo: Preis Inland: Fr. 29.90, Preis Ausland: Fr. 38.–. Preisänderungen vorbehalten.

Bitte frankieren

Betty Bossi
Postfach
8902 Urdorf
Schweiz

Bitte senden Sie mir weitere Bestell-Karten zu.

Anzahl: _____

Betty Bossi

Bitte frankieren

Betty Bossi
Postfach
8902 Urdorf
Schweiz

Bitte senden Sie mir weitere Bestell-Karten zu.

Anzahl: _____

Bestell-Karte für Betty Bossi Kochbücher

2019100

Anzahl		Artikel	Preis*	Anzahl		Artikel	Preis*	Anzahl		Artikel	Preis*
	Apéro & Fingerfood	27122.998	Fr. 36.95		Festtage zum Geniessen	27056.998	Fr. 21.95		Herzlich eingeladen	27090.998	Fr. 36.95
	Backen in der Weihnachtszeit	27028.998	Fr. 21.95		Fisch und Meeresfrüchte	27050.998	Fr. 21.95		Heute kocht mein Ofen	27112.998	Fr. 36.95
	Betty Bossi Backbuch	20003.998	Fr. 21.95		Fruchtig-süsse Wähen	27102.998	Fr. 21.95		Kuchenduft	27074.998	Fr. 36.95
	Blechkuchen & Brownies	27094.998	Fr. 21.95		Fruchtige Tiramisu	27120.998	Fr. 21.95		Lava Cakes	27138.998	Fr. 21.95
	Brot & Brötchen	27118.998	Fr. 36.95		Gemüselust	27100.998	Fr. 36.95		Luftig leichte Desserts	27082.998	Fr. 21.95
	Brunch	27058.998	Fr. 21.95		Gesund & schlank Band 1	27064.998	Fr. 21.95		Lustvoll vegetarisch	27072.998	Fr. 36.95
	Das andere Grillierbuch	20904.998	Fr. 21.95		Gesund & schlank Band 2	27076.998	Fr. 36.95		Neue Gemüseküche	27034.998	Fr. 21.95
	Das grosse Betty Bossi Kochbuch	27018.998	Fr. 49.95		Gesund & schlank Band 3	27092.998	Fr. 21.95		Niedergaren – leicht gemacht	27010.998	Fr. 21.95
	Das grosse Dessertbuch	27128.998	Fr. 36.95		Gesund & schlank Band 4	27098.998	Fr. 36.95		Pasta	27096.998	Fr. 36.95
	Das neue Guetzlibuch	20902.998	Fr. 21.95		Gesund & schlank Band 5	27108.998	Fr. 21.95		Restenlos geniessen	27110.998	Fr. 36.95
	Das neue Salatbuch	27000.998	Fr. 21.95		Gesund & schlank Band 6	27116.998	Fr. 36.95		Rouladen	27140.998	Fr. 21.95
	Die beliebtesten 50 Rezepte	27136.998	Fr. 17.95		Gesund & schlank Band 7	27132.998	Fr. 36.95		Schnell & einfach Band 1	27088.998	Fr. 21.95
	Die neue Fleischküche	27078.998	Fr. 36.95		Gesund kochen	27080.998	Fr. 21.95		Schnell & einfach Band 2	27154.998	Fr. 21.95
	Echt italienisch	27068.998	Fr. 36.95		Gratins & ...	27060.998	Fr. 21.95		Schwiizer Chuchi	27046.998	Fr. 36.95
	Einfach asiatisch	27054.998	Fr. 36.95		Grill-Beilagen	27152.998	Fr. 17.95		The Swiss Cookbook	27048.998	Fr. 36.95
	Entspannt verwöhnen	27130.998	Fr. 36.95		Gschnätzlets & Ghackets	27026.998	Fr. 21.95		Topfbrote	27162.998	Fr. 21.95
									Zart gegart	27104.998	Fr. 36.95

Die Rechnung geht an ☐ Frau ☐ Herr

Kundennummer

Name

Vorname

Strasse

PLZ/Ort

*Preisänderung vorbehalten, zzgl. Versandkosten

Betty Bossi

Bitte senden Sie mir weitere Bestell-Karten zu.

Anzahl: _____

Betty Bossi
Postfach
8902 Urdorf
Schweiz

Bitte frankieren